HENRI DOLIVEUX

Le Congrès International

de l'Enseignement primaire

(Extrait de la Revue Pédagogique d'Octobre 1900.)

PARIS

LIBRAIRIE CH. DELAGRAVE

15, RUE SOUFFLOT, 15

1900

HENRI DOLIVEUX

Le Congrès International

de

l'Enseignement primaire

PARIS

LIBRAIRIE CH. DELAGRAVE

15, RUE SOUFFLOT, 15

1900

LE

CONGRÈS INTERNATIONAL

DE

L'ENSEIGNEMENT PRIMAIRE

Plan.

I. — La préparation du Congrès.

Le Congrès international de l'Enseignement primaire a tenu ses séances à la Sorbonne les jeudi 2, vendredi 3 et samedi 4 août.

Sa place était tout indiquée au milieu des nombreux Congrès internationaux dont l'exposition universelle de 1900 a été l'occasion.

Il fut préparé par un Comité d'organisation dont voici la composition :

PRÉSIDENT.

M. Gréard, vice-recteur de l'Académie de Paris, président du Conseil de l'Université, à la Sorbonne.

VICE-PRÉSIDENTS.

MM. Bourdeley (Paul), maire du VIII° arrondissement, 64, rue de Rome.

Clairin, ancien membre du Conseil municipal, 133, rue de Rome.

Comte, directeur d'école publique, membre du Conseil supérieur de l'Instruction publique, 154, Faubourg Saint-Honoré.

Mme Kergomard, inspectrice générale des écoles maternelles, 6, rue Victor-Considérant.

SECRÉTAIRE GÉNÉRAL.

M. Jost, inspecteur général de l'Instruction publique, membre du Conseil supérieur, 9, rue du Val-de-Grâce.

SECRÉTAIRES.

M. Trautner, directeur d'école publique à Paris, membre du Conseil départemental de la Seine, 20, rue Etienne-Marcel.

Mlle Baslaire, directrice d'école publique à Paris, 124, rue Amelot.

TRÉSORIER.

M. Marguery (Jean), président du Comité de l'alimentation parisienne, 36, boulevard Bonne-Nouvelle.

MEMBRES.

MM. Bayet, directeur de l'Enseignement primaire au ministère de l'Instruction publique, 24, rue Gay-Lussac.

Bédorez (Léon), directeur de l'Enseignement primaire du département de la Seine, 21, quai Montebello.

Mlle Baslaire, directrice d'École, 124, rue Amelot, à Paris.

Mlle Billotey, professeur à l'École Edgar Quinet, 63, rue des Martyrs.

MM. Berthelot, membre de l'Institut, secrétaire perpétuel de l'Académie des sciences, 3, rue Mazarine.

Bompard, député, 76, rue Notre-Dame-des-Champs.

Bourgeois (Léon), député, ancien président du Conseil, rue Palatine.

Mlle Bourguet, directrice de l'École normale d'institutrices, 56, boulevard des Batignolles.

M. Braeunig, sous-directeur de l'École alsacienne, 128, rue d'Assas.

Mlle Brès, inspectrice générale des écoles maternelles, 83, rue Denfert-Rochereau.

MM. Buisson, professeur à la Faculté des Lettres, 166, boulevard Montparnasse.

Cavé, vice-président de la Ligue française de l'Enseignement, 14, rue Jean-Jacques Rousseau.

Cazes, inspecteur général de l'Instruction publique, 4, boulevard de la République, à Versailles.

Mme Chalamet, 95, boulevard Saint-Michel.

Mme Chegaray, directrice de l'École Sophie-Germain, 9, rue de Jouy.

MM. Combes, sénateur, ancien ministre, 3, rue Vauquelin.

Couturier (Emile), inspecteur général de l'Instruction publique, rue Montbauron, 18 (Versailles.)

Cuir, inspecteur de l'Enseignement primaire à Lille (Nord).

Demagny (Emile), 93, avenue des Champs-Elysées.

M. Devinat (Emile), directeur de l'École normale d'Instituteurs, 10, rue Molitor.

Mlle Distel, directrice du journal *Le Cordon bleu*, galerie d'Orléans, au Palais-Royal.

MM. Doliveux, inspecteur d'Académie, à Beauvais.

Driessens, directeur des cours d'enseignement ménager, 5, rue des Boucheries, Saint-Denis.

Gaufrès, ancien chef d'institution, 55, rue Lemercier.

Gilles, inspecteur général de l'Instruction publique, 11, rue Michelet.

Goblet (René), ancien ministre, 83, rue de Chaillot.

Guillaume, professeur au collège Chaptal, 27, rue d'Erlanger.

Hamon, inspecteur de l'enseignement primaire, 36, boulevard Ornano.

Mlle Hunsinger, directrice de cours libres, rue Cassini.

MM. Jacoulet, inspecteur général honoraire de l'Instruction publique, 19, rue Pasteur, Saint-Cloud.

Jacquin, conseiller d'État, 55, boulevard Beauséjour.

Jarach, inspecteur de l'Enseignement primaire, 37, rue Brochant.

Lacabe, inspecteur de l'enseignement primaire, 9, rue de l'Abbé-de-l'Épée.

Lanessan (de), ministre de la marine, 4, boulevard Denain, à Écouen (Seine-et-Oise).

Lavisse, professeur à la Faculté des Lettres, 5 rue Médicis.

Manœuvrier, directeur de la Société « La Vieille Montagne », 15, rue Richer.

Mangin, professeur au lycée Louis-le-Grand, 2, rue de la Sorbonne.

Mélouzay, professeur au Lycée Condorcet, 62, rue Truffaut.

Parmentier (André), professeur au collège Chaptal, 45, boulevard des Batignolles.

Payot, inspecteur d'Académie, à Châlons-sur-Marne.

Petit (Édouard), inspecteur général de l'Instruction publique, 92, avenue Victor Hugo.

Petit, directeur d'École primaire supérieure, à Nancy.

Poincaré, député, ancien ministre, 32, rue des Mathurins.

Quénardel, directeur de l'École normale primaire de Caen.

Mlle Saffroy, inspectrice de l'Enseignement primaire, 131, boulevard Voltaire.

Mme Sagnier, École Edgar Quinet, 63, rue des Martyrs.

MM. Séailles (G.), professeur à l'Université, 25, rue Lauriston.

Schrader, géographe, 75, rue Madame.

Strauss, sénateur, 76, avenue de Wagram.

Il faut remarquer que le Congrès de 1900 n'a pas eu, comme certains Congrès antérieurs, un caractère administratif : ce n'est pas le ministère de l'Instruction publique qui l'a organisé et préparé; le ministère s'y est simplement fait représenter. Le Congrès n'a même pas été réservé aux membres de l'enseignement. Non seulement il fut international, mais il fut, dans chaque pays, ouvert à tous les hommes de bonne volonté, à tous ceux, professionnels ou autres, qu'intéresse l'éducation populaire.

Le Comité d'organisation eut d'abord à s'occuper du choix des questions qui seraient soumises au Congrès. Il s'arrêta, après un long examen, aux cinq sujets que voici :

1° De l'éducation ménagère. Sa définition, ses limites, son adaptation à chacun des degrés de l'enseignement primaire. Quelles peuvent être, à chacun de ces degrés, les parts respectives de la théorie et de la pratique? Programme pour chacun des degrés et plan d'ensemble. — Par qui sera donné le double enseignement? Par un personnel spécial, ou par les institutrices elles-mêmes, préparées à cet effet?

2° De la fréquentation scolaire. La non-fréquentation et la fréquentation irrégulière. Insuffisance de l'action de la loi de 1882 en France. Moyens à employer pour augmenter cette action; moyens d'ordre législatif, d'ordre administratif, d'ordre pédagogique. — État de la fréquentation scolaire chez les principales nations.

3° De l'éducation morale. Son objet, ses principes, ses méthodes et ses procédés; parts respectives de la théorie et de la pratique. Sa place dans l'ensemble du programme, ses liens avec les autres parties.

4° De l'enseignement primaire supérieur. Son objet, ses limites; moyens de l'adapter aux intérêts régionaux et locaux.

5° Des institutions post-scolaires : cours d'adultes, conférences et lectures publiques, patronages et associations amicales, sociétés scolaires de secours mutuels et de retraites. — Moyens d'en assurer l'existence et le développement, de les multiplier, de les grouper.

On s'est étonné, de divers côtés, que certaines questions importantes, comme, par exemple, celle des Écoles normales, n'aient pas figuré au programme. Mais il faut bien se borner si l'on veut aboutir, et d'aucuns trouvaient même que cinq questions pour un Congrès de trois jours, c'était déjà trop. Et puis la question des Écoles normales est, par beaucoup de côtés, une question administrative qu'il convient de laisser à l'appréciation de l'administration compétente. D'ailleurs il n'est pas juste de dire que les Écoles normales aient été tenues en dehors des délibérations du Congrès : il est en effet impossible d'examiner un problème de pédagogie sans y faire entrer, comme élément essentiel, les programmes et méthodes des Écoles normales ; et la vérité est que les questions posées intéressaient directement les Écoles normales : celles-ci étant au cœur même de l'enseignement primaire, comment des questions vitales leur eussent-elles été indifférentes ?

Questions vitales : elles ont été prises en effet, comme l'a remarqué M. le Président du Congrès, au fondement même de l'éducation populaire. — Comment obtenir une meilleure fréquentation ? C'est, dans l'ordre logique, le premier problème : de sa solution dépend tout le succès de l'école : sans une fréquentation régulière, il n'y a pas d'action suivie, méthodique, et conséquemment efficace. — Dans l'école exactement fréquentée, le maître a une double tâche : il doit, d'une part, former dans l'enfant l'honnête homme (au sens le plus large du mot) et le bon citoyen de demain ; il doit, d'autre part, donner à cet enfant un enseignement utile, pratique, fait de notions précises, qui lui permette de gagner plus tard sa vie. Éducation morale et culture générale d'un côté, éducation professionnelle et culture spéciale de l'autre côté, tels sont les deux termes du problème. Le Congrès a eu à les envisager l'un et l'autre : d'abord à l'école primaire élémentaire, puis à l'école primaire supérieure, enfin dans les institutions postscolaires. Et l'on retrouvera dans toutes ses délibérations cette double préoccupation de l'instruction désintéressée et de l'instruction utilitaire. Comment peut-on, dès l'école primaire élémentaire, donner aux petites filles et peut-être même aux petits garçons l'enseignement ménager qui les préparera, eux et elles, à la vie de famille, à la garde du foyer domestique, à l'union pour l'action ? Comment, à l'école primaire supérieure, faire la part de la théorie et de la pratique, de la spéculation et du travail manuel ? quel parti tirer des institutions post-scolaires pour développer chez les adolescents et les adultes, en même temps que les sentiments les plus généreux, l'aptitude professionnelle? Comment enfin assurer partout, à l'école et après l'école, l'éducation morale? quel idéal proposer à nos enfants et à nos jeunes gens, et par quels enseignements et quels exercices leur communiquer l'énergie nécessaire?

On voit que les cinq questions posées au Congrès, si elles ne touchaient pas à tous les détails de l'enseignement primaire, étaient cependant assez générales pour qu'en les étudiant on fût amené en quelque sorte à faire le tour des programmes, à les mieux pénétrer, à les mieux déterminer. — Elles étaient également ment de nature, par leur généralité même, à intéresser les nations étrangères : sans doute elles se rapportaient plus spécialement à l'organisation française, ce qui était d'ailleurs inévitable, mais elles n'en avaient pas moins, dans l'ensemble, un caractère international : il n'était pas un pays civilisé qui ne pût tirer son profit d'une discussion largement ouverte sur l'une ou l'autre d'entre elles : même la question de la fréquentation scolaire et celle de l'enseignement primaire supérieur, quoiqu'elles nous fussent plutôt particulières, devaient, par cela même, exciter tout au moins la curiosité des pédagogues d'Europe et d'Amérique.

Le comité d'organisation se fit connaître par une première circulaire, en date du 1ᵉʳ octobre 1899, et indiqua en même temps les sujets mis à l'étude. Il engagea les congressistes à se réunir, dans chaque département ou dans chaque pays, pour les étudier préalablement et pour établir des rapports préparatoires. Malheureusement cet appel ne fut pas entendu de tous : tant d'autres comités d'organisation poussaient en même temps le même cri de ralliement! Les adhésions mêmes se firent attendre, comme les mémoires : en mai 1900, trois mois avant l'ouverture, nous avions des doutes — nous pouvons bien l'avouer aujourd'hui — sur le succès du Congrès. — Le comité fit alors un second appel, qui cette fois fut suivi d'effet : brusquement arrivèrent en foule adhésions et rapports. Il était un peu tard, surtout pour les rapports, mais nous avions trop longtemps appréhendé l'indigence pour ne pas nous féliciter de cette soudaine abondance. — Rapidement les mémoires venus de tous les points de l'horizon furent distribués, par les soins du secrétariat général, aux rapporteurs spéciaux que le comité avait désignés dès l'origine, en raison de leur compétence éprouvée, pour chaque question, savoir : pour l'éducation ménagère : M. Paul Strauss, sénateur de la Seine, et Mlle Brès, inspectrice générale des écoles maternelles ; — pour la fréquentation scolaire : M. Cazes, inspecteur général de l'instruction publique, et M. Guillaume, professeur au collège Chaptal ; — pour l'éducation morale : M. Jules Payot, inspecteur d'académie de la Marne, et Mlle Billotey, professeur à l'école Edgar Quinet ; — pour l'enseignement primaire supérieur : M. Lacabe, inspecteur de l'enseignement primaire à Paris [1], et M. Petit, directeur de l'école primaire supérieure de Nancy ; — pour les institutions post-scolaires : MM. Gilles et Édouard Petit, inspecteurs généraux de l'instruction publique, et M. Cavé, vice-président de la Ligue de l'enseignement.

MM. les rapporteurs spéciaux se mirent aussitôt à l'ouvrage et, dès le commencement de juillet, purent indiquer verbalement au comité les grandes lignes et les conclusions principales de leurs rapports. Le comité leur donna son approbation, les rapports furent imprimés, et, grâce à l'activité du secrétariat général, que conduisait M. Jost, tout fut prêt pour la fin de juillet [2].

En même temps qu'il préparait ainsi l'œuvre du Congrès, le comité se préoccupait de faciliter aux congressistes le séjour à Paris et de leur rendre agréables les quatre ou cinq journées qu'ils devaient passer ensemble. Il nommait une commission des logements, dont M. Comte voulut bien prendre la direction, et une commission des fêtes, que présida M. Jarach.

La commission des logements eut fort affaire. Quoique cela soit invraisemblable, il n'était pas facile de loger à Paris, du 2 au 5 août, les instituteurs et institutrices qui avaient exprimé le désir d'être hébergés. Tous les lycées en effet étaient retenus depuis longtemps pour d'autres catégories de congressistes, qui s'étaient donné rendez-vous en même temps que nous dans

---

1. Récemment encore directeur de l'École nationale professionnelle d'Armentières.

2. La brochure de 103 pages contenant les rapports spéciaux a paru chez Kapp, 83, rue du Bac. — Elle a d'ailleurs été distribuée, avant l'ouverture du Congrès, à tous les congressistes.

la capitale du monde. La commission des logements n'eut à sa disposition que les deux écoles normales d'Auteuil et des Batignolles, l'École J.-B. Say, l'École alsacienne, le collège Chaptal, et quatre ou cinq institutions privées. Heureusement un assez grand nombre d'instituteurs et institutrices de Paris offrirent gracieusement l'hospitalité à leurs collègues de province. Grâce à la bonne volonté de tous, plus de 900 congressistes purent être logés et même nourris. Personne, comme l'a dit spirituellement M. Bayet, ne coucha sous les ponts.

La tâche de la commission des fêtes, pour être plus agréable, ne fut pas plus facile. La question du banquet surtout lui donna mille soucis. On avait d'abord songé au restaurant des Nations, admirablement situé dans le Vieux-Paris, au bord de la Seine, au centre de l'Exposition. Puis, des difficultés étant survenues, on dut s'adresser ailleurs; M. Jarach entama des négociations avec dix maisons, entretint une diplomatie compliquée, parla un moment de nous faire dîner à Saint-Mandé, et revint au Vieux-Paris, où il put enfin arrêter une salle, un menu, un prix. On ne se doute pas de l'agrément qu'il y a à s'occuper de banquets et de festins. Il fallut à la commission des fêtes une habileté consommée pour mener son œuvre à bien.

Enfin le comité — dont toutes les séances (nombreuses et longues) furent régulièrement présidées par M. Gréard — eut la satisfaction, dans sa dernière réunion, fin juillet, de constater que tout marchait à souhait, et que le Congrès pouvait s'ouvrir le 2 août dans les meilleures conditions.

II. — La séance d'ouverture.

C'est à la Sorbonne que rendez-vous avait été donné aux membres du Congrès. Il y avait bien un palais des Congrès à l'Exposition; mais, outre que ce palais n'eût pas été assez vaste, il sembla que la Sorbonne convînt mieux pour la tenue des grandes assises de l'enseignement primaire. La Sorbonne est notre maison mère; elle était prête à nous recevoir; nous lui devions notre hommage.

Le Congrès s'ouvrit le 2 août, à neuf heures du matin, dans le grand amphithéâtre. Immense est la salle, autant que magnifique : et cependant elle se trouva presque remplie.

761 instituteurs et 348 institutrices de France avaient répondu à l'appel du comité d'organisation, ainsi que 188 instituteurs et institutrices étrangers, 129 inspecteurs de l'enseignement primaire, 90 directeurs et directrices d'écoles normales, 36 inspecteurs d'académie, 3 recteurs. Presque tous les inspecteurs généraux de l'enseignement primaire étaient là. Enfin on remarquait la présence d'un assez grand nombre d'amis de l'école, de ceux qui, en toute indépendance, lui consacrent le meilleur de leur temps et de leurs pensées [1].

M. Gréard prend place au fauteuil, ayant à sa droite et à sa gauche les deux délégués du ministère de l'Instruction publique, M. Bayet, directeur de l'enseignement primaire, et M. Jacoulet, inspecteur général honoraire de l'instruction publique. Il est entouré des délégués des gouvernements étrangers, des inspecteurs généraux de l'instruction publique, des recteurs et inspecteurs d'académie, et des principaux organisateurs du Congrès.

En ouvrant la séance, M. Gréard invite l'assemblée à procéder

---

1. La brochure de 70 pages contenant les noms, qualités et adresses des membres du Congrès a paru chez Kapp, 83, rue du Bac. — Une liste supplémentaire a été publiée chez le même éditeur.

à l'élection de son bureau définitif. Par acclamation, M. Gréard est nommé Président du Congrès. — Il prend aussitôt la parole et prononce le discours que voici :

Discours de M. Gréard.

« Mesdames, Messieurs,

« Le temps nous est mesuré. Ce matin même, tout à l'heure, vous allez entrer en délibération de sections. Mon premier devoir est donc de couper court à toutes les formes protocolaires et d'abréger les discours. Vous me permettrez cependant de vous souhaiter la bienvenue. Je suis heureux surtout de saluer les représentants et les délégués des pays et des Gouvernements étrangers qui veulent bien, en si grand nombre, nous apporter le concours de leur active et sympathique collaboration. L'ajouterai-je ? Ce n'est pas seulement un honneur pour moi de présider à l'ouverture de ce congrès; c'est une satisfaction profonde. Il y a près de vingt-cinq ans que, par fonctions, je suis rentré dans l'enseignement supérieur; mais pas un seul jour, je puis me rendre ce témoignage, ma pensée ne s'est détachée de l'enseignement primaire, depuis que j'ai appris à le connaître en le dirigeant, pas un seul jour je n'ai cessé de vivre, mes chers Collègues de France et de Paris, de vos intérêts, de vos ambitions légitimes, de vos devoirs, au milieu de vous, en vous. Jamais non plus je n'ai cessé de suivre avec passion ce qui se faisait dans vos divers pays, Messieurs les Délégués, d'utile et de généreux. C'est assez dire que rien ne pouvait m'être plus doux que de contribuer à préparer ces grandes assises internationales de l'éducation primaire.

« Il m'est particulièrement agréable de les voir se tenir ici, en Sorbonne, au cœur même de la Métropole universitaire, en même temps que les Congrès de l'enseignement secondaire et de l'enseignement supérieur. Il n'y a pas là seulement un procédé d'hospitalisation courtoise. Cette réunion dans une même enceinte, cette contubernalité des trois ordres d'enseignement délibérant sur des intérêts connexes, est un fait significatif et dont j'aime à prendre acte avec vous. Je me souviens qu'en 1869, dans la commission d'enseignement supérieur instituée conformément à une des dernières inspirations de Victor Duruy, le promoteur de la loi de 1833, M. Guizot, exprimait le regret qu'à côté des membres de l'enseignement secondaire et de l'enseignement supérieur, on n'eût pas fait place à quelques représentants de l'enseignement primaire. Ils nous auraient entendus, disait-il avec sa gravité froide, et où il ne lui déplaisait pas de faire sentir une certaine condescendance, ils nous auraient entendus ; peut-être auraient-ils eu quelque chose à nous apprendre. Ce rapprochement, que M. Guizot appelait d'un peu haut, qu'il apercevait d'un peu loin, nous l'avons vu se réaliser par le développement d'une confraternité naturelle. L'enseignement primaire a ses sièges aujourd'hui dans les grands conseils. Il y traite ses affaires propres avec compétence, il y discute les affaires générales avec clairvoyance et sagesse. Il apporte à ses deux aînés les fruits de son expérience pratique, le résultat de ses observations de saine et intelligente pédagogie, si bien qu'aujourd'hui l'enseignement secondaire ne croit pouvoir mieux faire que d'emprunter vos instituteurs et vos institutrices pour leur confier les petites classes des lycées et des collèges. En retour, l'enseignement supérieur fournit à nos écoles ses méthodes de démonstration simples et lumineuses, qui rayonnent d'elles-mêmes dans l'esprit de l'enfant, et y introduisent avec elles le bien être intellectuel en dehors duquel l'éducation n'est qu'une contrainte rebutante et un effort stérile. Ce ne sont pas seulement les maîtres qui s'éclairent aux lumières les uns des autres. Voici que les élèves des Universités, propageant à l'envi dans tous les pays ce qu'on a appelé avec une simplicité expressive *l'extension universitaire*, vont chercher partout dans les grandes villes vos propres élèves, les adolescents et les adultes de vos classes, pour leur communiquer, dans des entretiens familiers, ce qu'ils ont appris de meilleur. Ainsi se resserre chaque jour davantage, par les maîtres et par les élèves, le lien qui unit les trois ordres d'enseignement ; ainsi se développera le grand principe d'assistance intellectuelle et morale, loi non écrite, comme disait jadis le poète philosophe de l'antiquité, mais d'autant plus souveraine et destinée à devenir la bienfaisante régularisatrice des sociétés modernes. La constatation, la consécration par les faits, de cette solidarité élevée, hier dans les assemblées de l'enseignement secondaire et de l'enseignement supérieur, aujourd'hui dans la nôtre, n'est pas le moindre des souvenirs qui marqueront le Congrès de 1900.

« Nous attendons de vos travaux un autre service pour l'avenir de l'enseignement primaire.

« Naguère, dans un élan commun à tous les pays, il semblait que l'on ne pût trop enrichir le programme des écoles : c'était frustrer l'enfant que de ne pas faire entrer dans le cadre des trois ou quatre années qu'il nous donne, tout ce qu'à un degré plus haut, il embrasse avec peine au Lycée, en huit ans de scolarité ininterrompue ; et dans cet amoncellement de notions, on a pu craindre que l'idée même de l'éducation fût compromise. Sans rien abaisser, sans rien détruire, par une meilleure répartition de travail, en comptant sur ce que l'enseignement primaire supérieur assure de temps aux uns, ce que les œuvres post-scolaires doivent en procurer aux autres, on peut alléger l'instruction élémentaire, la dépouiller de ce qui n'est pas aliment sûr pour l'esprit de l'enfant, et laisser l'éducation y prendre sa place, toute sa place, et exercer sa vertu.

« C'est de ce sentiment que se sont inspirées les questions proposées à vos délibérations. Dans quelle mesure l'éducation ménagère doit-elle, dès l'école, préparer la jeune fille à la vie de famille qui l'attend ? Par quels procédés, légaux ou moraux, peut-on espérer d'assurer la régularité de la fréquentation, c'est-à-dire l'assiduité sans laquelle l'éducation devient impraticable, — j'entends l'éducation qui ne s'apprend pas dans un livre comme un théorème, mais celle qui est l'effet d'une action méthodique, persévérante, approfondie sur l'intelligence et le caractère de l'enfant ? Quelle part faut-il faire, dans l'enseignement primaire supérieur, à l'éducation générale, pour assurer l'utilité professionnelle des exercices spéciaux ? Quelle organisation convient-il de donner aux œuvres post-scolaires pour que le développement intellectuel et moral, ébauché à l'école, s'y affermisse ? Quelle est enfin la méthode applicable à l'enseignement de la morale proprement dite, aujourd'hui que la loi dite de neutralité, — loi non d'intolérance et de combat, mais de sagesse sereine et de respect pour toutes les croyances religieuses, — lui a fait dans l'école une si grande place, et de quelle façon est-il possible

d'en établir solidement les principes éternels et universels dans
la conscience de l'enfant?

« Sous leur apparence simple, ces questions ne touchent à
rien moins qu'au fondement même de l'éducation. Vous savez
comment l'étude en a été préparée. Chacune d'elles a été l'objet
de mémoires dont le résumé vous est présenté par les maîtres
les plus autorisés. Ces résumés ont abouti à un certain nombre
de propositions que vous discuterez dans vos sections. Chaque
section à son tour en tirera trois ou quatre résolutions, sobres,
fermes, claires, propres à la discussion générale qui s'établira
dans nos assemblées plénières. J'ai la confiance que les conclusions dernières qui sortiront de ces débats, — fruit de la somme
si considérable d'expérience et de raison représentée ici, — pro-
voqueront en tous pays d'utiles réflexions, des vues nouvelles,
de judicieuses améliorations. Et ce sera, mesdames et messieurs,
votre juste récompense, votre honneur. »

Le discours de M. Gréard fut — est-il besoin de le dire? — cou-
vert d'applaudissements. L'Assemblée était manifestement heureuse, non seulement de traduire ainsi son admiration pour la
haute éloquence de l'orateur, mais encore de saluer et de remercier le recteur éminent qui n'a pas cessé un seul jour de s'intéresser à l'école primaire, de l'éclairer sur ses obligations, de
faciliter sa mission. M. Gréard considère l'administration de l'enseignement primaire comme une part importante de sa grande
charge : chacun le sait, et nous avons tous voulu, le 2 août,
exprimer au recteur de Paris nos sentiments de gratitude.

Après le discours de son Président, l'assemblée régla l'ordre
de ses travaux de la manière que voici : séances de sections le
jeudi matin, le jeudi soir et le vendredi matin; séances plénières
le vendredi soir et le samedi matin; séance de clôture le samedi
soir.

Ceci fait, la première séance plénière fut levée, et le Congrès
se mit immédiatement au travail.

Avant de rendre compte des séances de sections et des séances
plénières, nous devons remercier les dévoués secrétaires des
cinq commissions et l'« équipe » sténographique, qui nous ont si

obligeamment prêté leur concours. C'est grâce à eux que nous avons pu rédiger cet article avec quelque précision [1].

---

1. Les secrétaires ont été : pour la 1re section (éducation ménagère) : Mme Vivier, directrice d'école à Paris ; — pour la 2e section (fréquentation scolaire) : M. Gourdon, professeur à l'école normale d'instituteurs de Beauvais ; — pour la 3e section (éducation morale) : M. Postel, directeur de l'école normale d'instituteurs de Savenay ; — pour la 4e section (enseignement primaire supérieur) : M. Myard, directeur de l'école primaire supérieure de Bellay ; — pour la 5e section (institutions post-scolaires) : M. Rotgès, inspecteur de l'enseignement primaire à Bordeaux.

L'équipe sténographique, qui a fourni un travail considérable, était dirigée par M. Choquenet, directeur de l'école primaire supérieure de Chauny. — Elle se composait de MM. Bazin, directeur d'école à Roubaix ; Fauconnier, instituteur à Ecquevilly (S.-et-O.) ; Masse, instituteur à Aulnoy-sur-Laon ; et Thomas, instituteur-adjoint à Chauny. — Le zèle de ces très habiles sténographes a été infatigable.

III. — Les travaux du Congrès.

I. — De l'éducation ménagère.

C'est la première fois que la question de l'éducation ménagère figure à l'ordre du jour d'un Congrès de l'enseignement primaire.

Le Comité d'organisation a reçu sur cette question 33 mémoires, dont 2 d'Allemagne. Quelques-uns seulement de ces mémoires sont des travaux collectifs; la plupart sont des études individuelles plus ou moins développées. Le comité les a remis à M. Paul Strauss, sénateur de la Seine, et à Mlle Brès, inspectrice générale des écoles maternelles, qui ont bien voulu se charger de les résumer et d'en dégager les conclusions. M. Strauss et Mlle Brès n'ont pas, à proprement parler, collaboré : ils se sont partagé le rapport : Mlle Brès a principalement analysé les mémoires; M. Strauss a plutôt exposé l'ensemble de la question.

M. Strauss se préoccupe d'aboutir à des conclusions assez générales et modérées pour qu'elles puissent être acceptées partout; il n'a pas en vue l'école urbaine, riche en ressources, mais l'humble et pauvre école rurale, qui n'a que peu de moyens.

Il constate d'abord que la question est nouvelle. Les travaux à l'aiguille n'ont été imposées dans les écoles françaises qu'en 1882; l'économie domestique n'a pénétré dans les programmes que peu à peu, et seulement à titre théorique et doctrinal. Mais l'exemple de l'étranger, certaines initiatives françaises, les vœux du Congrès de la Ligue de l'enseignement, la campagne de M. Driessens (M. Strauss oublie de citer ses propres efforts) ont récemment déterminé un courant favorable à une réforme de l'éducation des filles.

L'éducation ménagère appartient à l'école autant qu'à la mère de famille. C'est une partie de l'éducation morale. Elle intéresse l'avenir même de la société.

L'école primaire doit, pour remplir son but, préparer à la vie complète, et cela, non à tel ou tel âge, à tel ou tel degré de l'enseignement, mais à toutes les étapes scolaires, de l'école maternelle à l'école normale. C'est pourquoi l'enseignement ménager sera obligatoire dans les écoles primaires de toute catégorie.

Comment le donnera-t-on? par des cours spéciaux, théoriques et pratiques, et aussi par une spécialisation intelligente des leçons d'instruction générale : sciences, morale, calcul. — En aucun cas, quelles que puissent être les difficultés matérielles, la pratique ne doit être absente. En tout état de cause, et partout, certains exercices pratiques seront toujours faciles et possibles.

Pour le reste, on fera comme on pourra, suivant les localités. Il n'y a pas lieu d'imposer un programme uniforme. Chaque inspecteur d'académie aura mission de régler, suivant les possibilités locales, le fonctionnement de l'enseignement ménager appliqué. — Le Congrès n'a pas, d'ailleurs, à entrer dans le détail des programmes.

Ce sont les institutrices elles-mêmes qui donneront le nouvel enseignement, et non d'autres. M. Strauss exprime ici sa pensée en une formule saisissante : « il ne faut pas que l'éducation ménagère entre à l'école par l'escalier de service. »

Il appartiendra aux écoles normales de préparer les institutrices à cette partie de leur tâche, comme elles font pour le reste.

Enfin, pour bien marquer l'importance de l'enseignement ménager, on l'introduira au programme des différents examens de l'enseignement primaire.

Telle est, en raccourci, l'argumentation de M. Strauss.

***

Mlle Brès, dans son rapport, fait d'abord l'analyse des mémoires en ce qui concerne les programmes et en ce qui concerne la pratique.

Les programmes ne seront pas faciles à établir : il y faudra faire entrer les notions relatives au blanchissage, au repassage, à la cuisine, à la lingerie, à la couture, peut-être aussi à la laiterie, au jardinage, aux plantes médicinales, aux ruches, à la basse-cour, etc. Ce n'est pas tout : « il reste un métier sans dénomination exacte en français, métier plus utile peut-être à la race que tous les autres réunis et auquel quelques rares mémoires font allusion sans bien préciser : c'est celui de l'élevage infantile, si l'on peut ainsi dire. Si peu avancée que soit encore cette science, il existe quelques règles bien fondées qui vont justement à l'encontre de préjugés et routines séculaires. Ces règles, comment la future mère de famille les saura-t-elle s'il ne leur est fait une large part dans l'éducation ménagère ? » En conséquence, Mlle Brès fera de la puériculture l'objet d'un vœu spécial.

La grosse besogne sera pour l'école élémentaire. A l'école primaire supérieure et à l'école normale, la tâche devient plus facile. On propose toutefois que les écoles normales préparent en deux ans au brevet supérieur, afin de consacrer la troisième année aux exercices pédagogiques, à l'enseignement des travaux manuels et à la science du ménage.

Il est à souhaiter que les institutrices fassent une place à l'enseignement ménager dans les cours d'adultes et les associations d'anciennes élèves.

Quant à la pratique, il faudra que l'institutrice s'en occupe spécialement; elle fera bien de s'assurer le concours des familles. A l'école, sa surveillance sera très exacte pour que tous les exercices aient une portée éducatrice. On pourrait — c'est une idée qui plaît assez à Mlle Brès — affecter aux études ménagères la matinée du jeudi : l'école serait en compensation fermée le samedi dans l'après-midi : institutrices, mères de famille, enfants, tout le monde gagnerait à cette combinaison.

Presque tous les mémoires demandent que les institutrices soient régulièrement chargées de l'enseignement ménager. — Toutefois, M. Driessens appelle de tous ses vœux la création d'une école normale d'économie domestique et de cuisine (école d'où sortiraient sans doute des ménagères diplômées).

Mlle Brès souhaite qu'on mette le plus tôt possible entre les mains des élèves de petits manuels tout faits, bien faits, sobres, clairs, qui seraient plus tard faciles à consulter. Elle est d'accord avec M. Strauss pour désirer que l'enseignement ménager ait sa sanction dans les examens.

Dans un troisième chapitre, fort instructif, Mlle Brès parle de l'extension nécessaire de l'enseignement ménager. Ce n'est pas que les mémoires aient traité ce côté de la question : mais Mlle Brès a là-dessus des idées personnelles, qu'elle expose franchement : par extension nécessaire, elle entend l'extension aux garçons. L'éducation ménagère convient aux garçons comme aux filles, parce qu'elle augmente la valeur propre de l'individu et que dans la vie l'homme doit aide à la femme : Mlle Brès ne manque pas de raisons (et de bonnes raisons) pour nous le prouver. Toute cette partie de son rapport est fort jolie. Mlle Brès, particulièrement compétente sur ce point, montre en terminant comment on peut, à l'école maternelle, commencer l'éducation ménagère des petis garçons ainsi que celle des petites filles.

On voit que M. Strauss et Mlle Brès avaient singulièrement facilité la tâche du Congrès. Aussi la première section n'eut-elle pas à délibérer longuement : en deux séances, tenues le jeudi matin et le jeudi soir, elle acheva ses travaux.

b. *Les séances de la première section.*

La première section composa son bureau de la manière que voici :

Présidente : Mme Kergomard, inspectrice générale des écoles maternelles ;

Vice-Présidents : M. Hue, inspecteur de l'enseignement primaire à Reims, et Mlle Baslaire, directrice d'école à Paris ;

Secrétaire : Mme Vivier, directrice d'école à Paris ;

Secrétaire-adjoint : Mme Maheu, directrice d'école à Reims.

Si la question de l'éducation ménagère posée, comme elle l'était au Congrès, pour l'ensemble des écoles, est nouvelle, des tentatives intéressantes ont déjà été faites ici et là en vue de solutions partielles. C'est ce qu'ont expliqué deux délégués étrangers : M. Stanley, du « School board » de Londres, et M. Bergman, inspecteur général des écoles de Stockholm. On trouve à Londres des cuisines scolaires, où 44 000 fillettes apprennent à préparer les aliments, et des ateliers de blanchissage où 24 000 autres fillettes s'exercent à laver le linge, sous la direction d'institutrices préparées spécialement à cet effet. En Suède, garçons et filles vont à la même école jusqu'à dix ans, et font les mêmes travaux de tricot, de couture, de raccommodage ; ce sont les instituteurs et les institutrices qui donnent cet enseignement ménager : ils passent, à cet effet, une quatrième année à l'école normale [1].

En France même on a fait quelque chose à Reims et à Paris, ainsi que l'a rappelé M. Strauss dans son rapport, et ailleurs encore : l'inspection académique des Landes a organisé, dans une école-type, où elle a supprimé toute préparation aux examens, des cours ménagers qui prennent toute l'après-midi, la matinée étant réservée à l'enseignement général.

Mais nous sortons un peu ici des conditions ordinaires. Il est évident que si nous supprimons la préparation aux examens, nous serons très à l'aise pour donner pratiquement l'enseignement ménager. Examinons ce qui est possible en général.

On a émis l'avis, dans la commission, qu'une installation spéciale n'était pas indispensable. On a insisté sur la convenance qu'il y aurait à apprendre aux enfants, dès l'école, les soins que réclament les bébés. On a souhaité que l'éducation ménagère commençât dès l'école maternelle.

Un débat important s'est ouvert sur la question des travaux pratiques. La commission a été généralement d'avis que ces travaux étaient de première utilité, et, pour bien marquer leur nécessité, elle a modifié la formule du vœu que M. Strauss lui présentait. L'honorable rapporteur proposait la conclusion que voici : « A tous les degrés de l'enseignement primaire, et suivant les possibilités locales, des exercices pratiques compléteront les leçons théoriques. » A ce texte, qui semblait tenir trop grand compte des possibilités locales, la commission substitua la rédaction que voici, plus catégorique et impérative : « A tous les degrés de l'enseignement primaire, l'enseignement ménager, appuyé sur les connaissances générales acquises, comportera essentiellement des travaux pratiques. »

---

1. M. Romanesco, ancien député au Parlement roumain et ancien bourgmestre de la ville de Craiova, qui n'a pu assister au Congrès, nous a envoyé une note très intéressante, où il explique que l'enseignement ménager a été introduit, dès 1885 et sur son initiative, dans les programmes de l'enseignement public en Roumanie et a déjà produit là-bas d'excellents résultats.

Aucune autre modification ne fut d'ailleurs apportée aux conclusions des deux rapporteurs. Les propositions de M. Strauss furent successivement mises aux voix et approuvées ; il en fut de même des propositions (complémentaires, mais non contradictoires) de Mlle Brès.

Voici la liste des vœux définitivement admis par la première section :

c. *Résolutions et vœux de la première section.*

I. L'éducation ménagère des filles est essentiellement l'œuvre de la mère de famille ; elle n'en appartient pas moins à l'école, au même titre que les travaux à l'aiguille (texte de M. Strauss).

II. — L'enseignement de l'économie domestique et des devoirs du ménage doit être obligatoire à tous les degrés de l'enseignement primaire, de l'école maternelle aux écoles primaires supérieures et professionnelles, de l'école primaire élémentaire à l'école normale d'institutrices (texte de M. Strauss).

III. — A tous les degrés de l'enseignement primaire, l'enseignement ménager, appuyé sur les connaissances générales acquises, comportera essentiellement des travaux pratiques (texte substitué par la commission à celui de M. Strauss).

IV. — Cet enseignement sera donné de préférence par des institutrices préparées à cet effet (texte de M. Strauss).

V. — Des questions d'économie domestique et ménagère prendront place dans les examens du certificat d'études, du brevet élémentaire, du brevet supérieur, du professorat d'école normale (texte de M. Strauss).

VI. — Les municipalités doivent être encouragées à fonder des cours complémentaires ménagers, des écoles professionnelles ménagères, des cours de cuisine (texte de M. Strauss).

VII. — Il est à souhaiter que les œuvres post-scolaires, les petites A, les patronages, etc., fassent une place aux cours, conférences et exercices de ménage et de cuisine dans l'enseignement complémentaire de l'école (texte de M. Strauss).

VIII. — L'éducation ménagère étant nécessaire au père de famille comme à la mère, elle doit, dans une certaine mesure, figurer au programme des écoles primaires de garçons (texte de Mlle Brès).

IX. — L'hygiène de la première enfance et la puériculture doivent être un des principaux buts de l'éducation ménagère à tous les degrés et l'un des premiers objets d'enseignement à l'école élémentaire (texte de Mlle Brès).

d. *La séance plénière (après-midi du vendredi 3 août).*

Présidence de M. Gréard, assisté de MM. Bayet et Jacoulet.

M. Bayet, directeur de l'enseignement primaire, demande la parole. Il annonce qu'à l'occasion de l'Exposition universelle de 1900 le ministère de l'Instruction publique a préparé sur l'administration de l'enseignement trois volumes, qui viennent de paraître. Il est heureux de faire au Congrès, et particulièrement aux délégués des gouvernements étrangers, hommage des premiers exemplaires.

Le premier volume est un « Rapport sur l'organisation et la situation de l'enseignement primaire public en France ». Ce Rapport a été présenté à M. le Ministre par l'Inspection générale de l'enseignement primaire. C'est un tableau d'ensemble, où figurent toutes nos institutions scolaires et même toutes nos œuvres post-scolaires.

Le second volume est consacré à l'Inspection académique. M. le Directeur fait, à cette occasion, un éloge du corps des inspecteurs d'académie, que les inspecteurs d'académie présents, peu habitués à ce genre de critique, n'ont pas entendu sans quelque confusion. Il rend hommage à l'activité pédagogique de ces chefs de service. Leurs circulaires, leurs instructions, leurs rapports sur l'enseignement primaire remplissent le second volume, qui prend ainsi la valeur d'un véritable traité de pédagogie pratique. M. Bayet cite, par exemple, comme un modèle, la belle circulaire de M. Vessiot sur les récompenses en matière d'éducation.

Le troisième volume est consacré à l'Inspection de l'enseignement primaire, et M. Bayet fait valoir la haute importance de cette institution, que les étrangers trouvent remarquablement organisée chez nous. Il remercie les inspecteurs primaires de leur zèle, de leur compétence, de leur énergie. Le troisième volume contient d'abord un historique de l'institution, puis des spécimens de rapports d'inspection et de procès-verbaux de conférences pédagogiques.

Le ministère n'a encore publié que ces trois volumes, mais ils seront sans doute, ajoute M. Bayet, le point de départ d'une série qui permettra de passer en revue, peu à peu et dans le détail, toutes nos écoles primaires, normales, supérieures, élémentaires, maternelles, toutes nos institutions scolaires et post-scolaires.

M. le directeur de l'enseignement primaire de la Belgique remercie M. Bayet au nom des délégués étrangers.

*
* *

M. le président ouvre alors le débat sur la question de l'éducation ménagère. Il invite Mme Kergomard, présidente de la première section, à prendre place à ses côtés.

Mme Vivier, secrétaire de la première section, remplit les fonctions de secrétaire du Congrès pour cette partie de la séance. — Elle donne lecture des résolutions et vœux de la première section. — M. le président met ensuite chacun d'eux en discussion.

La première résolution est immédiatement adoptée. « L'éducation ménagère des filles est essentiellement l'œuvre de la mère de famille » : cela est évident[1]. Mais combien de mères auraient elles-mêmes besoin de recevoir l'enseignement ménager, combien d'autres négligent délibérément le ménage (ce mot étant pris ici dans son acception la plus large)! « L'éducation ménagère, dit M. Strauss dans son rapport, est à coup sûr un des attributs de la mère de famille, et l'Université ne songe pas à le lui disputer. Mais trop souvent la mère de famille n'est pas en état de diriger elle-même l'éducation domestique de son enfant, et celle-là même qui n'a pas besoin de se faire suppléer ne se plaindra pas d'un renfort dont elle saura tirer le meilleur parti. » Voilà pourquoi le Congrès, après M. Strauss, après la première section, ajoute aussitôt : « L'éducation ménagère n'en appartient pas moins à l'école ». Elle participe en effet de l'éducation morale et de l'éducation scientifique ; elle doit être conduite avec ensemble et

---

1. Il va sans dire que là où nous avons cru devoir commenter les votes du Congrès pour en mieux faire ressortir la signification et la portée, ce commentaire n'engage que l'auteur de l'article.

méthode. De l'enseignement ménager, l'école n'avait pris jusqu'ici que les travaux à l'aiguille : il est nécessaire qu'elle prenne le reste ; il le faut, pour le progrès. Il va de soi, d'ailleurs, que l'institutrice ne négligera pas le concours de la famille ; ce que nous souhaitons tous, c'est l'intime collaboration de la famille et de l'école.

*
* *

Avant de passer à la seconde question (obligation de l'éducation ménagère à tous les degrés de l'enseignement primaire), M. Quénardel, directeur de l'école normale de Caen, demande une définition de l'enseignement ménager. Il en propose une : « L'enseignement ménager consiste dans l'ensemble des connaissances théoriques et pratiques indispensables à toute maîtresse de maison pour diriger son ménage. Il comprend l'achat et la conservation des aliments ; la préparation des mets ; l'art de dresser une table ; la couture, la coupe, le blanchissage, le repassage ; l'entretien des vêtements et des meubles d'un appartement ; l'hygiène de la maison et l'art de l'embellir ; l'hygiène des enfants, les soins aux malades, l'éducation de la première enfance. »

M. Lesouds, instituteur à Paris, appuie la définition de M. Quénardel, qui est adoptée après une courte discussion. — M. Strauss avait signalé dans son Rapport, comme remarquables par leur concision, la définition du dictionnaire de pédagogie[1] et celle des instituteurs et institutrices de la seconde circonscription de Beauvais[2]. La définition adoptée par le Congrès est plus longue, mais elle montre toute l'étendue de la question.

La définition acquise, le Congrès vote sans discussion que l'éducation ménagère « sera obligatoire à tous les degrés de l'enseignement primaire, de l'école maternelle aux écoles primaires supérieures et professionnelles, de l'école primaire élémentaire à l'école normale d'institutrices ». Puisqu'il s'agit d'une éduca-

---

1. L'économie domestique est la science qui apprend aux futurs pères et mères de famille à tenir convenablement une maison, un ménage, à y faire régner l'ordre, la propreté, l'hygiène, le bon goût ; à ne faire aucune dépense inutile, à se contenter de ce que l'on a et à tirer le meilleur parti possible des ressources dont on dispose.

2. L'enseignement ménager a pour objet de préparer la jeune fille aux devoirs qui l'attendent dans la vie, c'est-à-dire à l'administration et à la direction de la famille.

tion, on ne saurait évidemment la commencer trop tôt ; il est nécessaire de la continuer sans interruption ; on la poussera plus loin à mesure que l'enfant grandira. — Il est des éducations qu'on commence à l'école maternelle et qu'on abandonne à l'école primaire : nous souhaitons que ce ne soit pas là le sort de l'éducation ménagère. — A l'école élémentaire, comme le remarque Mlle Brès, reviendra la grosse besogne. — Il est une école où l'éducation ménagère a sa place tout indiquée : c'est l'école primaire supérieure. — Il est aussi une école où il est peut-être à souhaiter, dit-on, qu'on s'en préoccupe davantage : c'est l'école normale. On craint, paraît-il, que quelques-unes de nos écoles normales n'aient une tendance à faire de leurs élèves-maîtresses comme des « demoiselles » que les soins du ménage n'inquiéteraient plus assez. Mais le vœu du Congrès sera entendu de nos directrices et professeurs : il est tout à fait de circonstance.

*
* *

IIIe vœu : « A tous les degrés de l'enseignement primaire, l'enseignement ménager, appuyé sur les connaissances générales acquises, comportera essentiellement des travaux pratiques. »

M. Bayet craint que certaines directrices d'écoles maternelles ne s'autorisent de ce vœu pour faire des leçons d'enseignement ménager. Il voudrait qu'on indiquât le caractère tout à fait élémentaire que doit avoir l'enseignement ménager à l'école maternelle.

M. Strauss ne pense pas qu'il faille modifier le texte du vœu. Certes, l'enseignement ménager ne comportera guère de développements à l'école maternelle, où il ne sera qu'une initiation. Mais, si atténué qu'on le suppose, il faut le commencer à l'école maternelle. M. Strauss insiste pour l'adoption du vœu (bien que la rédaction de ce vœu ne soit pas exactement celle qu'il avait lui-même proposée) : il lui paraît indispensable que l'enseignement ménager soit donné à tous les degrés de l'enseignement primaire sans exception. Il s'agit d'une question sociale autant que pédagogique : l'avenir de la famille et de la société est ici en jeu : il est urgent que la femme devienne ménagère et éducatrice. Nous avons le devoir de la préparer à sa mission dès le jeune âge et sans relâche.

Mme Kergomard rassure M. Bayet : elle n'aurait pas laissé passer sans protestation, dans la section qu'elle a présidée, un vœu qui eût abouti à un enseignement doctrinal dans l'école maternelle. Il n'est pas question de donner des leçons d'économie domestique, pas plus que d'histoire ou de géographie : mais nous voudrions faire prendre à nos petits enfants, dès l'école maternelle, de bonnes habitudes. Mme Kergomard rappelle ce que Mlle Brès, dans son rapport, a dit excellemment à ce sujet. Le petit enfant qui rattache lui-même son soulier délacé, qui plie son capuchon, qui met en place son chapeau et son panier, qui ramasse les bouts de papier tombés de son banc, cet enfant-là a déjà des notions d'économie domestique. L'école maternelle a un autre avantage. C'est qu'elle est mixte. On a pensé jusqu'à présent que les soins du ménage ne regardaient que la femme. C'est un tort. Il faut que l'homme en prenne sa part. Il est honteux de voir de grands garçons faire cirer leurs chaussures par leurs mères et des maris laisser à leur femme toute la charge de la maison. L'école maternelle nous aidera peut-être un peu à modifier ces mœurs : ne refusons pas son concours.

M. Bergman explique qu'à Stockholm l'enseignement ménager est donné en même temps aux garçons et aux filles, et que les Suédois se trouvent bien de cette méthode.

M. Bayet dit qu'il est d'accord, au fond, avec M. Strauss et Mme Kergomard. Il voulait seulement indiquer le caractère simple et familier des exercices de l'école maternelle.

Le 3ᵉ résolution est alors adoptée. Il est donc entendu que l'enseignement ménager comportera nécessairement, dans toutes les écoles, des travaux pratiques. Il le faut, en effet : sans travaux pratiques, l'enseignement ménager ne serait qu'un enseignement de mots, inefficace. Certes, il ne sera pas toujours facile de passer à la pratique. Mais nous avons pleine confiance en l'esprit ingénieux de nos institutrices : elles chercheront et trouveront.

Il convient d'ailleurs de remarquer que l'enseignement ménager doit « s'appuyer sur les connaissances générales acquises ». Ce serait une erreur que de le concevoir comme un enseignement distinct, formant un compartiment réservé, n'ayant rien de commun avec l'enseignement général de l'école. C'était l'idée qu'on se faisait, il n'y a pas longtemps encore, de l'enseignement agricole : on ne le rattachait pas suffisamment à l'enseignement scientifique. De récentes instructions ont heureusement modifié cette manière de faire : l'enseignement agricole dépend étroitement de l'enseignement scientifique; il en est de même de l'enseignement ménager, qui dépend, de plus, de l'enseignement moral. Comme l'enseignement agricole, l'enseignement ménager n'est qu'une application : ne perdons jamais de vue le lien qui l'unit nécessairement à l'enseignement général. Ceci ne veut pas dire qu'on ne lui consacrera pas des leçons spéciales; nous ne verrions même aucun inconvénient à ce qu'on lui réservât, comme le propose Mlle Brès, la matinée du jeudi. Mais à la condition d'insister toujours sur la dépendance où il se trouve à l'égard de l'enseignement général. Divers en ses applications, l'enseignement de l'école est un en son principe.

*
* *

IVe vœu : « Cet enseignement sera donné de préférence par des institutrices préparées à cet effet. » M. Quénardel insiste sur la nécessité de cette préparation des institutrices et propose, pour la faciliter, la disposition additionnelle que voici : « Il est désirable que des cours normaux d'enseignement ménager soient créés dans les centres importants. » Il y a de ces cours à l'étranger; on en fonde même déjà en France.

M. Driessens appuie la motion de M. Quénardel, qu'il avait déjà soutenue dans la section. Il va même plus loin. Il demande la création d'une école normale d'économie domestique et de cuisine. Il offre, en attendant, d'instituer à Fontenay un cours méthodique. Ce qui importe en effet, c'est la méthode. Il ne suffit pas de savoir faire, il faut savoir enseigner. Il y a une manière de balayer, une manière de laver la vaisselle, une manière de faire la cuisine. L'enseignement ménager repose sur des principes; il y faut de la pédagogie.

La proposition additionnelle est alors adoptée. — On pourrait peut-être observer que si l'on crée des cours normaux, une école normale d'enseignement ménager, ces cours, cette école produiront nécessairement des ménagères diplômées, à qui l'on sera tenté de confier, dans les villes tout au moins, les leçons d'économie domestique, de cuisine, etc. Ne risque-t-on pas de détruire ainsi l'unité de l'enseignement à l'école? Il paraît très désirable que l'institutrice reste chargée de tout l'enseignement. Sans doute il faudra la préparer à l'enseignement ménager comme aux autres parties du programme. Mais est-il indispensable de créer à cet effet des cours spéciaux, des écoles spéciales? L'école normale ordinaire ne suffit-elle pas? MM. Quénardel et Driessens ont d'ailleurs cent fois raison d'insister comme ils le font sur le caractère méthodique que doit revêtir le nouvel enseignement. Sans méthode, sans préparation, on n'obtiendra rien.

* *

V^e vœu : « Des questions d'économie domestique et ménagère prendront place dans les examens du certificat d'études, du brevet élémentaire, du brevet supérieur, du professorat d'école normale. »

Adopté sans observation. — On fera bien, croyons-nous, de s'attendre à la prompte réalisation de ce vœu.

* *

VIe vœu : « Les municipalités doivent être encouragées à fonder des cours complémentaires ménagers, des écoles professionnelles ménagères, des cours de cuisine. »

Adopté sans observation. — La chose est tout à fait désirable,

* *

VIIe vœu : « Il est à souhaiter que les œuvres post-scolaires, les petites A, les patronages, etc., fassent une place aux cours, conférences et exercices de ménage et de cuisine dans l'enseignement complémentaire de l'école. »

Adopté. — M. Édouard Petit, inspecteur général de l'instruction publique, fait toutefois remarquer que la place demandée est déjà accordée dans nombre d'associations et de patronages. Il y a des cours ménagers fort bien organisés à Caen, à Cognac, à Reims, ailleurs encore. Les instituteurs et institutrices se sont déjà engagés dans la voie qui leur est indiquée; ils n'ont qu'à y persévérer.

* *

VIIIe vœu : « L'éducation ménagère étant nécessaire au père de famille comme à la mère, elle doit, dans une certaine mesure, figurer au programme des écoles primaires de garçons. »

Adopté sans observation. Il est évident que l'enseignement ménager ne saurait être indifférent aux garçons. Nous n'avons qu'à gagner à une meilleure conception du rôle de l'homme à la maison. Le principe du vœu est indiscutable.

Mais, dans l'application, il y a lieu, peut-être, à quelques réserves, que le texte même du vœu autorise : on observera dans les écoles de garçons « une certaine mesure ». D'aucuns pensent, d'une manière générale, qu'il ne faut pas faire aux garçons les mêmes leçons qu'aux filles ; sans doute les programmes ne distinguent pas entre les sexes ; mais, dans l'interprétation des programmes, il convient de tenir compte de la différence des sexes. Cela est vrai, semble-t-il, de toutes les leçons de l'école : selon qu'il s'agit de garçons ou de filles, il y a lieu à une spécialisation (c'est le mot de M. Strauss) ou, si l'on veut, à une adaptation intelligente des leçons d'instruction générale ; à plus forte raison, des leçons d'instruction professionnelle.

*
* *

IXe vœu : « L'hygiène de la première enfance et la puériculture doivent être un des principaux buts de l'éducation ménagère à tous les degrés et l'un des premiers objets d'enseignement à l'école élémentaire. »

Le mot « puériculture » est abandonné sur l'observation du Président qu'il est trop technique, et Mme Kergomard obtient de remplacer l'expression « à l'école élémentaire » par celle-ci : « à l'école, à ses divers degrés. »

Ce vœu, dans sa nouvelle teneur, est très légitime. On ne saurait imaginer, paraît-il, le degré d'ignorance où atteignent nombre de femmes en ce qui concerne l'hygiène et l'éducation de la première enfance. Il est temps de réagir, et l'école peut aider puissamment à cette réaction salutaire.

Le débat sur l'éducation ménagère se trouve ainsi terminé. Voici le texte des vœux, tel qu'il a été arrêté par le Congrès.

c. *Résolutions et vœux du Congrès.*

I. — L'éducation ménagère des filles est essentiellement l'œuvre de la mère de famille ; elle n'en appartient pas moins à l'école, au même titre que les travaux à l'aiguille.

II. — L'enseignement ménager consiste dans l'ensemble des connaissances théoriques et pratiques indispensables à toute maîtresse de maison pour diriger son ménage. Il comprend : l'achat et la conservation des aliments; la préparation des mets; l'art de dresser une table; la couture, la coupe, le blanchissage, le repassage; l'entretien des vêtements et des meubles d'un appartement; l'hygiène de la maison et l'art de l'embellir; l'hygiène des enfants, les soins aux malades, l'éducation de la première enfance.

L'enseignement de l'économie domestique et des devoirs du ménage doit être obligatoire à tous les degrés de l'enseignement primaire, de l'école maternelle aux écoles primaires supérieures et professionnelles, de l'école primaire élémentaire à l'école normale d'institutrices.

III. — A tous les degrés de l'enseignement primaire, l'enseignement ménager, appuyé sur les connaissances générales acquises, comportera essentiellement des travaux pratiques.

IV. — Cet enseignement sera donné de préférence par des institutrices préparées à cet effet. — Il est désirable que des cours normaux d'enseignement ménager soient créés dans les centres importants.

V. — Des questions d'économie domestique et ménagère prendront place dans les examens du certificat d'études, du brevet élémentaire, du brevet supérieur, du professorat d'école normale.

VI. — Les municipalités doivent être encouragées à fonder des cours complémentaires ménagers, des écoles professionnelles ménagères, des cours de cuisine.

VII. — Il est à souhaiter que les œuvres post-scolaires, les petites A, les patronages, etc., fassent une place aux cours, conférences et exercices de ménage et de cuisine dans l'enseignement complémentaire de l'école.

VIII. — L'éducation ménagère étant nécessaire au père de famille comme à la mère, elle doit, dans une certaine mesure, figurer au programme des écoles primaires de garçons.

IX. — L'hygiène et l'éducation de la première enfance doivent être un des principaux buts de l'éducation ménagère à tous les degrés et l'un des premiers objets d'enseignement à l'école, à ses divers degrés.

II. — De la fréquentation scolaire.

a. *Le rapport préparatoire.*

La question de la fréquentation scolaire a déjà fait l'objet des délibérations d'un Congrès d'enseignement primaire : c'était en 1881, au moment où les pouvoirs publics élaboraient les lois scolaires : l'administration convoqua alors à la Sorbonne un Congrès national d'instituteurs et d'institutrices, qui eut principalement à rechercher les moyens d'assurer la bonne fréquentation de l'école. Les résolutions et vœux de ce Congrès, dont les travaux furent très importants, contribuèrent puissamment à la confection de la loi du 28 mars 1882.

C'est cette loi qui est aujourd'hui en cause. C'est donc presque leur œuvre propre que les instituteurs ont été appelés, dans le dernier Congrès, à revoir et à corriger.

Eux-mêmes en demandaient partout, depuis longtemps déjà, la revision, car la loi de 1882 n'a pas produit tous ses effets, et l'école souffre de son impuissance.

Cette question de la fréquentation scolaire a vivement intéressé un assez grand nombre de maîtres. Le Comité d'organisation a reçu 52 mémoires, dont 6 des pays étrangers. Il les a remis aux deux rapporteurs spéciaux désignés par lui : M. Cazes, inspecteur général de l'instruction publique, et M. Guillaume, professeur au collège Chaptal. Comme M. Strauss et Mlle Brès pour la question précédente, MM. Cazes et Guillaume se sont partagé le rapport préparatoire : M. Cazes a traité de la fréquentation scolaire en France, et M. Guillaume de la fréquentation scolaire à l'étranger.

M. Cazes rappelle d'abord l'origine de la question, comment la France fut amenée à voter les deux lois du 16 juin 1881 sur la gratuité et du 28 mars 1882 sur l'obligation. Cette dernière devait avoir tout son effet, dans la pensée de Jules Ferry, grâce à deux institutions fondamentales, la commission scolaire et la

3

caisse des écoles, armées l'une contre la négligence, l'autre contre l'indigence des familles.

Le rapporteur constate ensuite que la fréquentation scolaire s'améliora progressivement jusque vers 1888 : la multiplication des écoles, la gratuité de l'enseignement, la nouveauté de la législation, l'élan de toutes les bonnes volontés amenèrent cet heureux résultat.

Mais, depuis 1888, la situation a bien changé : elle est devenue mauvaise : l'indifférence des maires et des commissions scolaires, l'absence, dans nombre de communes, de la caisse des écoles, l'impuissance, dans nombre d'autres, de cette caisse, insuffisamment dotée, l'apathie générale, la peur des initiatives et des responsabilités, toutes ces causes de faiblesse ont déterminé un état de choses éminemment regrettable : 4 0/0 des enfants d'âge scolaire ne sont inscrits à aucune école : et, parmi les inscrits, il en est trop qui gaspillent un cinquième, un quart, parfois un tiers du temps « qu'ils doivent à l'école et que l'école leur doit ».

Il y a là un danger social. L'école, non fréquentée ou insuffisamment fréquentée, ne peut rendre à la République les services qu'elle attend d'elle. Que faire?

M. Cazes compte beaucoup sur l'action du maître. Il indique avec précision comment cette action peut s'exercer. L'instituteur qui voudra avec fermeté et persévérance une fréquentation régulière l'obtiendra souvent ; qu'il fasse d'abord le nécessaire ; qu'il s'aide lui-même de toutes ses forces. Qu'il ait soin, ensuite, de se mettre en rapports constants avec les familles au moyen de bulletins d'absence, de carnets de correspondance, de démarches faites à domicile.

Si efficace que soit l'action pédagogique, il est indispensable de la seconder par l'action administrative et l'action légale. Le rapporteur demande à l'administration d'assouplir l'horaire des classes aux besoins locaux, de tenir la main à la stricte exécution de la loi du 2 novembre 1892 sur les enfants employés dans l'industrie, d'étendre cette loi aux enfants employés dans l'agriculture, de rappeler aux maires leurs obligations en matière scolaire.

Quant à l'action légale, insuffisante aujourd'hui, elle ne pourra s'exercer qu'après modification de la loi du 30 octobre 1886 en ses articles 54, 55, 56, 57, 58 et 60, et de la loi du 28 mars 1882 en ses articles 6, 12, 13, 14, 15 et 17. — Les articles 54 à 60 de la loi de 1886 ont trait à la commission scolaire; l'article 6 de la loi de 1882 concerne le certificat d'études primaires élémentaires; les articles 12, 13 et 14 visent les pénalités; l'article 15 les dispenses, et l'article·17 la caisse des écoles.

Deux projets de modification sont proposés par les mémoires, en ce qui touche la commission scolaire. Ils consistent, le premier, dans le remplacement de la commission scolaire municipale par une commission scolaire cantonale; le second, dans la suppression de la commission scolaire et l'attribution au juge de paix de tous les cas d'infraction à la loi. M. Cazes reconnaît les avantages de la première solution : la commission cantonale offrirait des garanties d'indépendance, de conscience, de compétence. Mais elle serait trop éloignée des écoles, des élèves, des parents; elle n'aurait pas assez d'action sur les délinquants; elle se heurterait à des difficultés d'ordre pratique : elle ne pourrait, par exemple, ni faire venir au chef-lieu de canton les parents fautifs, ni se réunir elle-même autant de fois que cela serait désirable. — La seconde solution paraît à M. Cazes pleine de périls : elle est peu compatible avec notre régime **de** liberté, car « elle supprime cet intermédiaire bienveillant, cette autorité morale capable de s'exercer heureusement avant toute pénalité, que le législateur de 1882, profondément imbu des idées démocratiques, avait constituée en créant les commissions communales ». D'autre part, ce système « découvrirait d'une manière un peu trop directe l'instituteur vis-à-vis des familles, et lui rendrait peut-être la tâche moins aisée et la vie moins facile ».

Aussi M. Cazes, renonçant à l'une et à l'autre combinaisons, propose-t-il un moyen terme : le maintien des commissions scolaires municipales, mais avec un simple mandat administratif. Toute l'action répressive serait confiée au juge de paix, mais la commission scolaire continuerait d'exercer sur les familles son action persuasive. Ce système concilierait tous les intérêts en présence.

M. Cazes demande d'ailleurs la suppression de l'affichage, qui répugne à nos mœurs et est contraire à nos principes de conduite. D'un autre côté, il poursuivrait volontiers les récidivistes jusqu'au tribunal correctionnel.

Le nombre des absences mensuellement autorisées pourrait être porté à huit demi-journées. L'inspecteur primaire (et non plus la commission scolaire) pourrait accorder des dispenses annuelles de vingt jours.

Il serait bien spécifié dans la loi que la caisse des écoles est obligatoire dans chaque commune. Cette caisse recevrait dans chaque commune une subvention obligatoire, prélevée sur le budget municipal.

L'âge des candidats au certificat d'études primaires élémentaires serait reculé de onze à douze ans, et un certain nombre de sanctions seraient attachées à la possession de ce diplôme.

En terminant, M. Cazes insiste sur l'action bienfaisante que peuvent exercer les inspecteurs d'académie, les inspecteurs primaires, les délégués cantonaux. Il appelle de ses vœux la collaboration de tous les amis de l'école. « Ne l'oublions pas, dit-il, si l'action matérielle, se traduisant par des secours indispensables aux familles indigentes, est de toute nécessité pour rendre effective l'obligation scolaire, ce qui importe surtout pour la faire entrer dans les mœurs, c'est l'action morale et sociale, inspirée par un vif sentiment du devoir qui incombe à chaque citoyen et qui leur donne l'esprit de désintéressement et même de sacrifice sans lequel un gouvernement démocratique, vraiment digne de ce nom, ne peut exister ».

* *
*

M. Guillaume ne nous parle en détail, dans son rapport, que de l'état de la fréquentation scolaire en Angleterre et en Allemagne : « On ne saurait choisir deux exemples plus typiques : ce sont deux pays germaniques; dans l'un et l'autre a triomphé le grand mouvement de la Réforme ; or, tandis qu'en Allemagne l'obligation scolaire est tellement passée dans les mœurs qu'on s'y soumet presque avec la même rigueur qu'à l'obligation militaire, l'Angleterre s'y montre, dans son ensemble, de plus en plus rebelle ».

En Angleterre et dans le pays de Galles un million d'enfants, soit le cinquième environ de la population d'âge scolaire, sont des « irréguliers chroniques » ou ne viennent jamais à l'école. Six cent mille ne sont même pas inscrits! Et la situation empire chaque année.

« Les causes en sont dans le caractère même de la race anglaise : c'est, de la part des parents, un positivisme industriel, commercial ou agricole, qui, n'apercevant pas la relation directe entre l'instruction donnée à l'école et l'acquisition des richesses ou du bien-être, montre, à l'égard de cette instruction, une indifférence générale et héréditaire ; — c'est, de la part des pouvoirs publics, un respect exagéré et presque superstitieux de la liberté individuelle, respect qui répugne aux mesures de coercition et s'accommode volontiers d'un régime de laissez-faire. — La loi actuelle répond de tout point à cet état d'esprit et à cette conception gouvernementale : elle n'est pas assez sévère, et l'application en est « extrêmement relâchée ».

En Allemagne, au contraire, la loi sur l'obligation existe depuis longtemps ; elle retient l'enfant à l'école jusqu'à quatorze ans au moins ; elle est sévère, mais suffisamment souple pour ne pas nuire à la prospérité du pays ou des familles ; la juridiction est simple et l'application de la loi rapide. Des commissions scolaires, fonctionnant régulièrement, en surveillent avec vigilance l'observation.

Dans une note, M. Guillaume résume rapidement, d'après de récents articles de la *Revue pédagogique*, l'état de la scolarité dans les autres pays d'Europe : très satisfaisante en Suède, en Norvège, en Danemark, la situation l'est moins en Hollande et en Belgique, moins encore en Italie ; elle est mauvaise en Espagne.

M. Guillaume conclut en demandant une loi ferme, qui tienne compte toutefois des besoins régionaux ; une procédure simple et rapide ; des pouvoirs locaux mieux armés ; une plus longue durée de la scolarité. — Ses conclusions viennent à l'appui de celles de M. Cazes.

b. *Les séances de la 2ᵉ section.*

La 2ᵉ section compose son bureau de la manière que voici :
Président : M. Beurdeley, maire du VIIIᵉ arrondissement, président de l'Association de la Presse de l'Enseignement ;
Vice-Présidents : M. George Dunn, inspecteur de l'enseignement à Édimbourg, délégué du gouvernement anglais ;

M. Emond, délégué du gouvernement belge; et M. Roton, inspecteur de l'enseignement primaire à Arras.

Secrétaire : M. Gourdon, professeur à l'École normale d'instituteurs de Beauvais.

La seconde section a tenu trois longues séances, très animées, dans la matinée et l'après midi du jeudi 2 août et la matinée du vendredi 3 août.

Tout l'effort de la discussion a porté sur la commision scolaire municipale. Quelques membres ont demandé le maintien de la législation actuelle, mais sans succès. L'institution de commissions scolaires cantonales n'a pas trouvé non plus beaucoup de partisans. La grande majorité de la réunion s'est prononcée pour l'attribution au juge de paix de toute l'action répressive.

Il ne resterait donc plus à la commission scolaire communale qu'un rôle de conciliation, de persuasion, de protection. Il n'a pas semblé à la section que la commission scolaire, réduite à ce rôle, gardât assez d'autorité et d'influence pour assurer le succès de l'école, et, sans supprimer expressément la commission scolaire, la section a été d'avis de créer auprès de chaque école publique un conseil de l'école. Ce Conseil possèderait la personnalité civile et aurait un budget. La principale recette de ce budget consisterait dans les amendes prononcées par le juge de paix.

La section a d'ailleurs demandé que la surveillance de la fréquentation fût assurée dans les écoles privées aussi bien que dans les écoles publiques.

Elle a voté la suppression de l'affichage.

En ce qui concerne le certificat d'études primaires élémentaires, elle a émis le vœu qu'il ne pût être passé avant l'âge de douze ans, et qu'il fût accompagné de quelques sanctions; un membre a même demandé qu'il dispensât en partie du service militaire.

Deux délégués étrangers ont pris la parole : l'un, M. Schamanek, instituteur à Vienne, pour recommander une certaine prudence dans l'application des lois scolaires; l'autre, M. Popovics, inspecteur de l'enseignement à Temesvar, pour montrer combien peut être grande l'action du maître sur la fréquentation.

Voici la liste des vœux définitivement admis par la 2e section.

Quelques-uns étaient proposés par le rapporteur; les autres sont dus à l'initiative de la section.

c. *Résolutions et vœux de la 2° section.*

I. — Une modification de la loi de 1882 s'impose dans l'intérêt de la fréquentation scolaire (conclusion du rapport).

II. — La fréquentation doit être réelle, et la surveillance s'appliquera aux écoles privées aussi strictement qu'aux écoles publiques (initiative de la section).

III. — La commission scolaire locale doit être déchargée de toute mission relative à l'application des pénalités (conclusion du rapport).

IV. — 1° Considérant que la fréquentation scolaire est d'un intérêt social et républicain immédiat : il y a lieu de s'en rapporter, pour assurer cette fréquentation, non pas à une commission élue et animée de sentiments de trop grande bienveillance, ou guidée par des préoccupations politiques, mais au pouvoir judiciaire, représenté par le juge de paix. Il convient que ce magistrat soit armé d'un pouvoir suffisant pour appliquer, sur la réquisition de l'inspecteur primaire, les pénalités relatives à la non-fréquentation (c'est une des conclusions générales du rapport, mais la rédaction de ce vœu est due à l'initiative de la section).

2° La peine de l'inscription à la porte de la mairie sera supprimée. Les pénalités seront graduées de la façon suivante : avertissement, réprimande, amende (1re partie : conclusion du rapport; 2° partie : initiative de la section).

V. — 1° Considérant toutefois que, dans un gouvernement démocratique, le concours de tous les dévouements doit être utilisé dans l'intérêt de la fréquentation scolaire : il est nécessaire de maintenir une commission de pères de familles qui, composée en dehors des influences locales, s'occupera de tous les intérêts matériels et moraux de l'école (initiative de la section).

2° Il est, en conséquence, désirable que le conseil départemental nomme dans chaque commune un conseil de l'école publique, chargé de veiller aux intérêts matériels et moraux de l'école et des élèves. Le conseil de l'école publique aura un budget et possèdera la personnalité civile (initiative de la section).

3° Les amendes provenant des condamnations pour infractions à la loi sur la fréquentation seront versées dans la caisse du conseil de l'école (initiative de la section).

VI. — Le maire sera tenu de dresser en session d'août du conseil municipal la liste de tous les enfants de 6 à 13 ans, contrôlée sur la liste de recensement. Cette liste sera intégralement adressée à l'inspecteur de la circonscription et aux instituteurs de la commune (conclusion du rapport, légèrement modifiée par la section).

VII. — Il convient que des pénalités effectives soient édictées pour assurer la sincérité des listes d'absences (initiative de la section).

VIII. — Il est nécessaire que l'enseignement religieux soit, sous des sanctions effectives, maintenu strictement dans les conditions légales, de manière qu'il ne fasse pas échec à la fréquentation scolaire (initiative de la section).

IX. — L'âge de la présentation au certificat d'études primaires élémentaires sera fixé à douze ans révolus au 1er janvier de l'année où l'examen devra être subi. Il est désirable que ce diplôme soit exigé pour certains emplois salariés qui n'exigent pas d'examen spécial (conclusion du rapport).

X. — Il est désirable que la loi du 2 novembre 1892 sur les enfants employés dans l'industrie soit strictement appliquée et étendue aux enfants employés dans l'agriculture, en dehors de l'exploitation paternelle (conclusion du rapport).

d. *La séance plénière (après-midi du vendredi 3 août)*

La question de la fréquentation scolaire est discutée aussitôt après celle de l'éducation ménagère, et dans la même séance plénière.

M. Gréard invite M. Beurdeley, président de la 2e section, à prendre place à ses côtés.

M. Gourdon, secrétaire de la 2e section, remplit les fonctions de secrétaire du Congrès pour cette partie de la séance. Il donne lecture des résolutions et vœux de la 2ᵉ section. M. le Président met ensuite chacun d'eux en discussion.

Le premier vœu (modification de la loi de 1882) est adopté sans observation, ce qui ne surprendra personne. De l'avis général, la législation actuelle est insuffisante. Ceux-là mêmes qui s'en contenteraient volontiers ne se refusent pas à certaines améliorations.

⁎

Le second vœu (surveillance de la fréquentation dans les écoles privées) est également adopté sans discussion. — Il paraît que certaines commissions scolaires ne relèvent les absences que dans les écoles publiques, de sorte qu'il suffit aux parents d'inscrire leurs enfants aux écoles privées pour échapper à tout contrôle et à toute répression. De là un plus grand nombre d'inscriptions dans les écoles privées. Il y a lieu évidemment de rappeler ces commissions à l'impartialité et à l'équité.

⁎

IIIᵉ vœu : la commission scolaire n'appliquera plus de pénalités. — Adopté sans discussion. — Si les commissions scolaires sont de bonne foi, elles reconnaîtront qu'elles ont elles-mêmes, par leur incurie et leur mollesse, déterminé le mouvement d'opinion qui leur est aujourd'hui si contraire. Il fallait d'ailleurs que le législateur de 1882 nourrît certaines illusions pour confier aux commissions scolaires, telles qu'il les avait composées, un pouvoir de coercition. On s'est trompé en 1882, avouons-le franchement, et essayons de faire mieux.

⁎

IVᵉ vœu : le juge de paix seul aura qualité pour réprimer et punir ; la peine de l'affichage sera supprimée ; les pénalités consisteront dans l'avertissement, la réprimande, l'amende.

Adopté sans discussion.

Remarquons tout de suite le changement apporté dans le régime disciplinaire : l'affichage disparaît : personne ne le regrettera : il ne convenait pas à nos mœurs, portait souvent à faux, et ne produisait pas de bons résultats (rapport Cazes). — Il est remplacé par deux sanctions d'ordre moral dont la législation actuelle ne fait pas expressément mention : l'avertissement et la réprimande. — En quoi consisteront au juste ces deux peines ? Sous quelle forme seront-elles édictées ? C'est ce que le Congrès ne pouvait examiner : ce sont là détails d'organisation que seul un règlement d'administration publique peut arrêter.

D'autre part, la prison disparaît de la liste des pénalités : et cependant le ministre de l'Instruction publique avait insisté, en 1882, pour l'inscription de cette peine dans la loi. Mais c'est une peine lourde, que sa gravité même empêche d'appliquer : L'amende est préférable à tous égards[1].

Le juge de paix seul appliquera, si le vœu du Congrès est exaucé, les trois peines qui resteront, même les deux premières, même le simple avertissement.

Pourquoi le Congrès n'a-t-il pas laissé ces deux sanctions, et l'avertissement tout au moins, qui à proprement parler n'est pas une peine, à la disposition, non pas de la commission scolaire municipale, mais de cette commission scolaire cantonale, dont un si grand nombre d'articles publiés dans toute la presse pédagogique ont depuis longtemps demandé la création ? C'est à peine si l'on a discuté en section cette question de la commission scolaire cantonale ; en séance plénière, on n'en a même pas parlé. La commission scolaire actuelle a causé tant de déceptions que sans doute on ne veut pas faire l'expérience d'une autre commission scolaire, quelle qu'elle soit. On verra plus loin que le Congrès n'a même pas voulu, comme le proposait M. Cazes, maintenir la commission scolaire municipale, réduite désormais à un rôle purement officieux. Il lui a substitué un conseil de l'école, dont nous examinerons tout à l'heure la condition, mais ce conseil n'aura sur la fréquentation scolaire aucun pouvoir : il succédera à la commission scolaire, mais il ne la remplacera pas.

Pour ce qui est de la fréquentation, les familles se trouveront seulement en face de l'inspecteur primaire et du juge de paix. C'est l'inspecteur primaire qui signalera les délinquants, et c'est le juge qui les punira. Nous ne dirons rien du surcroît de travail

---

1. Il faut cependant observer que l'amende frappera surtout des indigents. Il est vrai que les communes pourraient être tenues d'acquitter les amendes en cas d'insolvabilité des personnes responsables.

qui incombera de ce chef à l'inspecteur primaire et au juge de
paix. Mais quelques-uns regretteront très sincèrement la dispa-
rition de tout pouvoir intermédiaire, modérateur, conciliateur, et
estimeront sans doute qu'il n'eût pas fallu désespérer si vite de
la commission scolaire. N'aurait-on pu lui laisser tout au moins
l'action morale? N'y a-t-il pas déjà des commissions scolaires
qui se réunissent et fonctionnent régulièrement? Leur nombre
ne peut-il augmenter? Ne faut-il pas compter, en matière d'éducation et d'instruction, sur le temps, sur le progrès des mœurs,
sur l'adhésion des esprits? D'ailleurs, ne risquerait-on pas, en
supprimant purement et simplement la commission scolaire, de
faire le vide autour de l'école? M. Lalanne, inspecteur primaire
à Laon, a eu comme la sensation de ce vide, et c'est pourquoi il
a proposé la création d'un conseil de l'école, auquel nous
arrivons.

*
**

V⁰ vœu : il y aura dans chaque commune un conseil de l'école
publique.

C'est là une institution nouvelle. M. Lalanne, auteur de la proposition, explique comment l'idée lui en est venue. Si la commission scolaire est supprimée, il ne restera personne à côté de l'instituteur pour l'aider, le soutenir, le défendre au besoin. Sans
doute l'instituteur a des amis; mais ne doit-il pas aussi lutter trop
souvent contre l'indifférence et quelquefois même contre l'hosti-
lité des populations? De toute nécessité, il faut protéger l'école,
matériellement et moralement. L'église a un conseil de fabrique;
qu'on donne à l'école un conseil analogue. Le conseil de l'école
aura un budget, comme le conseil de fabrique. Il encaissera le
produit des amendes prononcées par le juge de paix contre les
délinquants; il jouira de la personnalité civile, il pourra recevoir
des dons et legs. M. Lalanne espère qu'un jour viendra où l'on
fera, dans les testaments, la part de l'école comme on fait déjà
celle de l'église.

M. Lamourère, publiciste à Toulouse, émet une opinion diamé-
tralement opposée. Les prétendus amis de l'école sont ses pires
ennemis : tous ceux à qui l'on confie la garde de l'école, délégués cantonaux, membres des commissions scolaires, membres

des caisses des écoles, se croient des droits sur l'instituteur; ils ont barre sur lui. Il faut que cette humiliation cesse. Traitons l'école laïque en majeure. Elle n'a besoin ni de subventions ni de concours d'aucune sorte. Qu'elle soit seule en face de l'État, et que l'État remplisse envers elle toutes ses obligations.

M. le Président fait remarquer qu'on s'écarte de la question. Il rappelle qu'il s'agit de la fréquentation scolaire. Il propose d'y revenir, mais la proposition de M. Lalanne et les observations de M. Lamourère ont quelque peu agité l'assemblée.

M. Beurdeley explique ce qui s'est fait dans la 2ᵉ section. La 2ᵉ section a été unanime à enlever à la commission scolaire toute action répressive : mais elle n'a pas supprimé la commission scolaire : elle l'a maintenue, en lui laissant ses attributions paternelles. Il est bon en effet que, pour appliquer les lois scolaires, nous fassions appel non seulement aux fonctionnaires, mais encore aux citoyens amis de l'école. Quant à la proposition de M. Lalanne, elle tend à fusionner les diverses commissions qui gravitent autour de l'école, délégation cantonale, commission scolaire, caisse des écoles, en une commission nouvelle, le conseil de l'école. M. Beurdeley estime que cette proposition est très soutenable ; il ne croit pas toutefois qu'elle soit mûre ; et il prie le Congrès de ne pas bouleverser brusquement toute notre législation scolaire. En réalité, ces organes dont on demande aujourd'hui la suppression (caisse des écoles, commission scolaire, délégation cantonale) ont rendu des services : il ne serait pas bien de les rejeter avec dédain. Retenons la proposition de M. Lalanne à titre d'indication pour l'avenir, mais conservons ce qui existe.

M. Lalanne se défend d'avoir voulu supprimer la caisse des écoles et la délégation cantonale.

Mais la question est posée. Il faut y répondre. Le Président met successivement aux voix le maintien de la caisse des écoles et de la délégation cantonale.

L'Assemblée se prononce pour le maintien de la caisse des écoles.

Elle se prononce au contraire pour la suppression de la délégation cantonale. Mais il convient de noter l'existence d'une forte minorité.

M. Beurdeley proteste énergiquement contre ce vote.

M. le Président met alors aux voix la question du conseil de l'école, étant entendu que le conseil de l'école succéderait à la commission scolaire définitivement supprimée.

La proposition ainsi présentée est adoptée.

Mme Tisné, déléguée des États-Unis, fait alors remarquer que toute cette discussion n'intéresse guère les pays étrangers. L'observation est juste. Elle est même piquante. Mais que faire? . Nous sommes en France, et il est difficile de donner à des débats de ce genre un caractère international.

Ainsi, le Congrès a maintenu la caisse des écoles, mais il a supprimé la délégation cantonale, et remplacé la commission scolaire, déjà affaiblie, par un conseil de l'école.

La caisse des écoles est une institution précieuse. Elle peut, bien administrée, rendre les plus grands services à l'école; nombreux sont ses moyens d'action. Elle est, comme on l'a dit, la petite banque de l'école primaire. Elle ouvre des crédits pour distribuer des vêtements, des livres, des fournitures de papeterie, des livrets de caisse d'épargne. Elle fonde des cours du soir, subventionne des sociétés de gymnastique et de tir, organise des voyages de vacances, des excursions scolaires. Elle entretient des magasins d'habillement et des cantines. On peut avec elle, en un mot, donner satisfaction aux besoins intellectuels, moraux et physiques des élèves des écoles primaires[1].

Quant à la délégation cantonale, on peut reconnaître qu'elle ne fonctionne pas partout comme il conviendrait et qu'elle ne remplit pas encore entièrement la belle mission que le législateur lui a confiée et que le ministre de 1895 lui a éloquemment rappelée. S'il lui arrive malheur aujourd'hui, elle ne peut vraiment que s'accuser elle-même. Toutefois, tout le monde ne s'associera peut-être pas à la manifestation du congrès; que la délégation cantonale n'ait pas, dans l'ensemble, compris son rôle jusqu'ici, ses partisans même en conviennent, mais ne pouvons-nous vraiment rien en tirer? Pourquoi, encore une fois, désespérer si vite? N'y a-t-il pas déjà, ici et là, des délégués cantonaux bien

---

1. Ces considérations sont tirées d'un petit livre récemment publié par M. Paul Beurdeley, *L'École nouvelle* (librairie Delaplane), livre plein de renseignements et d'enseignements.

disposés et bienfaisants? Est-il impossible d'en augmenter le nombre? Si l'administration s'applique, dans chaque département, à choisir ses délégués à bon escient, si elle leur rappelle leurs obligations, si elle les éclaire sur leurs attributions, ne retirera-t-elle pas de leur concours, tant pour l'école que pour les œuvres port-scolaires, un profit réel? Soyons plus patients. Faisons crédit à nos amis. Car nous avons des amis ; nous en avons même beaucoup (quoiqu'on ait dit le contraire) : cherchons le moyen de les intéresser à notre œuvre, ne les décourageons pas[1].

La suppression de la délégation cantonale ne s'expliquerait guère au moment où de tous côtés nous faisons appel aux bonnes volontés. Il y aurait quelque contradiction à provoquer d'une part l'action des bons citoyens et à congédier d'autre part ceux d'entre eux qui sont déjà venus à nous.

Si le vœu du Congrès sur ce point n'est pas exaucé, il n'aura pas toutefois été inutile : ce sera pour les délégués cantonaux un sérieux avertissement, et pour l'administration une invitation pressante à trouver le moyen d'utiliser cette institution.

Quant au conseil de l'école, ce pourra être une excellente institution. L'idée de M. Lalanne est généreuse. Peut-être ne sera-t-elle pas facile à réaliser : où trouver les bons conseillers de l'école? Mais on peut toujours essayer. — Le Congrès ne s'est pas prononcé sur la question de savoir si le conseil de l'école aurait un budget et jouirait de la personnalité civile : il ne s'est prononcé que sur le principe : mais rien n'empêche qu'il en soit ainsi. Remarquons seulement que le conseil de l'école n'aura pas d'action officielle sur la fréquentation : il ne connaîtra pas les délinquants et l'école privée lui échappera.

*
* *

VIe vœu : le maire sera tenu de dresser la liste des enfants d'âge scolaire. Adopté sans observation.

---

1. Il y a eu, depuis, au commencement d'octobre, un congrès de délégués cantonaux. De nombreuses personnalités ont assisté à ce congrès, entre autres M. le vice-recteur de l'Académie de Paris, M. le directeur de l'enseignement primaire, M. Beurdeley. Les délégués cantonaux ont cherché avec la plus grande bonne volonté le moyen de rendre service à l'école publique, et leurs délibérations ont abouti à des conclusions dont l'enseignement primaire retirera, semble-t-il, le meilleur profit.

*
* *

VII° vœu : il convient d'assurer, par des pénalités, la sincérité des listes d'absences.

Sur l'observation du président que c'est là un vœu de suspicion contre les instituteurs, le vœu est rejeté.

*
* *

VIII° vœu : il est nécessaire de maintenir l'enseignement religieux dans les limites légales.

Adopté sans observation. Il arrive en effet que, dans les communes importantes, le service religieux occupe un assez grand nombre d'enfants pendant les heures de classe.

*
* *

IX° vœu : les candidats au certificat d'études devront avoir douze ans révolus au 1ᵉʳ janvier, et ce diplôme sera exigé pour certains emplois salariés.

Une courte discussion s'engage, à laquelle prennent part M. Sennelier, instituteur à Paris; M. Roguet, directeur d'école à Mouy; M. Bizeray, inspecteur de l'enseignement primaire à la Flèche; et M. Lacabe, inspecteur de l'enseignement primaire à Paris. — Le Congrès maintient au certificat d'études le privilège qu'il a déjà d'exempter de l'obligation scolaire. Il fixe à douze ans l'âge des candidats au certificat d'études, mais il suffira que la douzième année soit révolue au 1ᵉʳ octobre. Il rejette les sanctions demandées pour le certificat d'études : on fait observer avec raison que cet examen n'a pas une telle valeur qu'il doive influer sur le reste de la vie; que d'ailleurs beaucoup d'adolescents se mettent à l'étude qui n'ont pas le certificat et ne seraient plus en âge de le passer : pourquoi exclure ces jeunes gens laborieux de tel ou tel métier? Ce serait enfin une mesure antidémocratique qui nuirait aux familles nombreuses.

*
* *

X° vœu : la loi de 1892 sera strictement appliquée et étendue à l'agriculture.

Adopté sans observation.

*
* *

M. le Président donne alors lecture d'un télégramme qu'il vient de recevoir de l'Association des instituteurs de Vienne (Autriche) : l'association souhaite au Congrès un succès complet et lui envoie ses sympathies sincères.

L'assemblée applaudit et charge le bureau de remercier les amis de Vienne.

La séance, commencée à trois heures, est levée à six heures moins le quart.

Voici le texte des vœux relatifs à la fréquentation scolaire, tel qu'il a été arrêté par le Congrès :

e. Résolutions et vœux du Congrès.

I. — Une modification de la loi de 1882 s'impose dans l'intérêt de la fréquentation scolaire.

II. — La fréquentation doit être réelle, et la surveillance s'appliquera aux écoles privées aussi strictement qu'aux écoles publiques.

III. — La commission scolaire locale doit être déchargée de toute mission relative à l'application des pénalités.

IV. — 1° Considérant que la fréquentation scolaire est d'un intérêt social et républicain immédiat : il y a lieu de s'en rapporter, pour assurer cette fréquentation, non pas à une commission élue et animée de sentiments de trop grande bienveillance, ou guidée par des préoccupations politiques, mais au pouvoir judiciaire, représenté par le juge de paix. — Il convient que ce magistrat soit armé d'un pouvoir suffisant pour appliquer, sur la réquisition de l'inspecteur primaire, les pénalités relatives à la non-fréquentation.

2° La peine de l'inscription à la porte de la mairie sera supprimée. Les pénalités seront graduées de la façon suivante : avertissement, réprimande, amende.

V. — Il y a lieu de maintenir les caisses des écoles.

VI. — Il y a lieu de supprimer les délégations cantonales.

VII. — Il y a lieu, dans chaque commune, de substituer à la

commission scolaire, dont l'influence ne s'exercerait plus que paternellement, un conseil de l'école.

VIII. — Le maire sera tenu de dresser en session d'août du conseil municipal la liste de tous les enfants de six à treize ans, contrôlée sur la liste de recensement. Cette liste sera intégralement adressée à l'inspecteur de la circonscription et aux instituteurs de la commune.

IX. — Il est nécessaire que l'enseignement religieux soit, sous des sanctions effectives, maintenu strictement dans les conditions légales, de manière qu'il ne fasse pas échec à la fréquentation scolaire.

X. — Les candidats au certificat d'études primaires élémentaires devront avoir douze ans révolus au 1ᵉʳ octobre de l'année où ils se présenteront.

XI. — Il est désirable que la loi du 2 novembre 1892 sur les enfants employés dans l'industrie soit strictement appliquée et étendue aux enfants employés dans l'agriculture, en dehors de l'exploitation paternelle.

III. De l'éducation morale.

a. Le rapport préparatoire.

Grosse question que celle de l'éducation morale, et qui, à elle
seule, eût pu retenir toute l'attention du Congrès. Mais le Congrès avait quatre autres problèmes importants à élucider en trois
jours : pressé par le temps, il n'a pu consacrer à l'éducation
morale que trois séances de section et un tiers de séance plénière.
Au moins a-t-il utilement employé ces courts instants.

Le Comité d'organisation avait reçu sur l'éducation morale
44 mémoires, dont quatre de pays étrangers. Il les avait remis
à M. Payot, inspecteur d'académie de la Marne, et à Mlle Billotey, professeur à l'école Edgar-Quinet. D'accord avec M. Payot,
Mlle Billotey dépouilla ces mémoires, dont elle envoya un résumé
à M. Payot, qui se chargea seul du rapport préparatoire.

M. Payot examine successivement les cinq points indiqués au
programme : objet, principes, méthodes et procédés, parts respectives de la théorie et de la pratique, place de l'éducation
morale dans l'enseignement.

Il constate que, sur l'objet de l'éducation morale, tous les
auteurs de mémoires sont sensiblement d'accord. « L'idée qui
semble prédominer, c'est que l'éducation doit être un affranchis-
sement et un épanouissement : elle doit, par l'exercice et l'hygiène, libérer le corps des sujétions non inéluctables ; elle doit,
par la réflexion et par une étude nette et sincère des réalités,
libérer l'intelligence des préjugés, de la tyrannie d'une opinion
publique immorale ou partiale ; libérer la volonté de la force
oppressive de l'instinct, des passions, des mauvaises habitudes.
— Cette libération progressive permettra l'épanouissement de
plus en plus riche des énergies vraiment humaines : c'est ainsi
que, peu à peu, dans le chaos confus des instincts, des passions,
la plante délicate de la volonté morale germera et prendra de

l'accroissement et fleurira et fructifiera en actes de justice, de bonté, de sacrifice. »

En ce qui concerne les principes, « la tendance générale est que nul principe ne peut être supérieur à la personne humaine. Les philosophes ont cherché à fonder la loi morale sur quelque chose de supérieur à la conscience; tentative vaine! car il n'y a dans le monde rien de supérieur à la conscience morale. L'homme réfléchi refuse, aussi bien en morale qu'en politique, de s'incliner devant une loi qu'il n'a pas consentie. Et il ne s'incline devant la loi morale, que parce qu'il reconnaît en elle la loi même de sa raison, *de la Raison.*

« Un grand nombre de mémoires insistent sur la valeur absolue de la personne humaine, et cette conception, qui semble devoir conduire à l'exaltation de l'individualisme, conduit au contraire à une morale foncièrement sociale et fraternelle par la découverte de la solidarité. La pensée du corps primaire semble se pénétrer de plus en plus de cette vérité évidente que l'individu, par lui-même, est incapable de tout développement supérieur : dans chacun des mots qui lui permettent de penser, dans chaque outil qui lui permet d'agir est incluse la collaboration de millions de découvertes humaines; et la claire vision de cette dépendance de chacun de nous vis-à-vis de ses semblables pose la nécessité absolue de la vie sociale; et en même temps se présente, claire comme le jour, la loi suprême de toute société, à savoir que, *lorsque deux hommes sont en présence, le respect mutuel est la loi qui doit régir leurs rapports.* C'est là une vérité évidente, universelle, nécessaire.

« Cette valeur absolue de la personne humaine et cette loi absolue du respect mutuel forment dans tous les mémoires le fondement de la morale, et quand l'État français le premier a osé laïciser l'éducation morale et rejeter l'éducation religieuse au second plan, laissant à chacun la liberté d'y chercher le complément métaphysique de la morale purement humaine, il n'a fait que tirer de la Déclaration des droits de l'homme une conséquence de l'affirmation de la valeur absolue de toute conscience humaine. A cet enseignement, beaucoup de mémoires ajoutent un enseignement patriotique, mais dans un esprit d'équité vis-à-vis de l'étranger. »

Sur les méthodes et procédés, il y a dans les mémoires, dit M. Payot, abondance de remarques. Le nombre des cours, la forme de l'enseignement, l'éducation des sentiments, celle de la volonté, le système disciplinaire, la personnalité du maître, la préparation des élèves-maîtres, l'action pernicieuse de la rue et de l'atelier, le danger de l'alcool, le bienfait des lectures saines et des chants graves et purs, autant de points que le rapporteur examine en relevant à mesure les observations de ses correspondants. Une idée générale se dégage de ces réflexions : c'est qu'il faut respecter la personnalité de l'enfant et fortifier cette personnalité par des exercices appropriés. Ne nous substituons pas à nos élèves.

Quelles seront les parts respectives de la théorie et de la pratique ? Théorie et pratique doivent être intimement unies. « Un enseignement théorique est indispensable pour mettre de l'unité dans les idées morales de l'enfant. Déjà, même avec l'enseignement théorique tel qu'il est compris d'ordinaire, l'incohérence est grande : l'enseignement est fragmentaire, épisodique ; il n'est pas rigoureusement ramené aux deux ou trois idées dominatrices qui suffisent pour transformer la vie de l'enfant en une vie de direction franchement morale.

« D'ailleurs, si nous essayons de presser le sens du mot pratique, nous verrons qu'il n'y a pas de pratique dans laquelle une théorie juste ou fausse ne soit incorporée. Il est vrai que celui qui agit peut être incapable d'exposer les principes d'après lesquels il agit, mais est-ce une supériorité pour l'abeille de faire de la géométrie sans le savoir ?

« Inversement, une théorie qui n'a pas reçu la consécration de la pratique, c'est-à-dire qui n'a pas été vérifiée par l'expérimentation, demeure une hypothèse. On ne peut pas dire d'une théorie qu'elle est juste quand elle n'a pas la consécration de la pratique, et il n'y a pas de bonne pratique sans une théorie exacte. Il serait vain, dans l'éducation, de vouloir séparer ce qui doit être indissolublement uni. »

Quant à la place de l'éducation morale dans l'enseignement, tous les mémoires s'accordent à lui donner la première. — Et il est incontestable d'autre part que l'enseignement de la plupart les matières du programme peut et doit concourir à l'éducation morale de l'enfant. Le maître utilisera surtout, pour cette fin, les morceaux de lecture, de récitation, de chant, et, à un moindre degré, les textes de dictées, les leçons d'histoire, de géographie, de sciences, d'arithmétique, enfin les modèles d'écriture.

M. Payot termine son étude en récapitulant les principaux vœux des auteurs de mémoires.

b. *Les séances de là troisième section.*

La troisième section composa son bureau de la manière que voici :

Président d'honneur : M. F. Buisson, directeur honoraire de l'enseignement primaire, professeur en Sorbonne ;

Président effectif : M. Duplan, inspecteur général de l'instruction publique ;

Vice-présidents : M. Van Meenen, bourgmestre de Saint Gilles-lez-Bruxelles, conseiller provincial du Brabant ; — et M. Devinat, directeur de l'école normale d'instituteurs de la Seine ;

Secrétaire : M. Postel, directeur de l'école normale d'instituteurs de la Loire-Inférieure ;

Secrétaire adjoint : M. Mironneau, directeur de l'école normale d'instituteurs de l'Ardèche.

La troisième section a tenu trois longues séances, fort remplies, dans la matinée et l'après-midi du jeudi 2 août et la matinée du vendredi 3 août.

La première séance fut presque tout entière consacrée à une discussion philosophique sur l'objet et les principes de la morale. Il est vrai que la pratique est, ici plus qu'ailleurs, indissolublement liée à la théorie, et qu'on ne peut imaginer un enseignement de la morale sans fondement philosophique. Le difficile était de trouver des formules qui satisfissent à peu près tout le monde. On y arriva après quelques brillantes passes d'armes.

La section refusa, dès l'abord, de se placer sur un terrain où quelques membres cherchaient à l'amener. Non que ce terrain (il s'agit de l'enseignement religieux) lui parût dangereux ; les arguments n'eussent pas manqué à nos instituteurs pour défendre, au besoin, le principe de la neutralité scolaire; mais il apparut à la section que cette question était depuis longtemps tranchée par la loi française, et que le Congrès n'avait pas qualité pour mettre cette loi en discussion. Elle décida donc d'écarter de ses délibérations toute question relative à l'enseignement religieux confessionnel. Et, pour mieux marquer son sentiment, en même temps que pour mieux l'expliquer, elle vota que l'enseignement de la morale est « indépendant de toute confession religieuse sans être hostile à aucune ». Notre loi scolaire, affirmée à nouveau, se trouva ainsi mise hors du débat et portée, si je puis dire, au dessus de toute contestation.

Ce point réglé, la section délibéra longuement, dans sa première et surtout dans sa seconde séance, sur les idées directrices de toute éducation morale. On se mit facilement d'accord, là-dessus, avec le rapporteur. On fut d'avis qu'il fallait élever l'enfant en le respectant. En l'aimant aussi, en le traitant avec justice et bonté. Il faut être avec lui absolument sincère. La section estima encore qu'il était urgent d'orienter l'éducation morale vers l'éducation sociale. — Elle accorda enfin aux institutrices présentes que l'éducation morale de la femme doit être la même que celle de l'homme.

Dans sa troisième séance, la section chercha le meilleur régime disciplinaire : elle n'eut pas de peine à le trouver, puisqu'il existe déjà dans nos écoles : c'est le régime libéral, c'est celui qui n'impose la règle qu'en l'expliquant, c'est celui qui laisse à l'enfant, à mesure qu'il grandit, une part d'initiative de plus en plus grande. Ce régime suppose, chez l'éducateur, une connaissance exacte de l'enfant. Il a pour conséquence l'emploi de la méthode active.

La section s'occupa enfin de déterminer le nombre des leçons de morale et la place que l'éducation morale doit avoir à l'école.

Voici la liste des vœux définitivement admis par la troisième section. Ils sont dus, dans la forme tout au moins, à l'initiative de la section.

c. *Résolutions et vœux de la troisième section.*

I. — Tout question relative à l'enseignement religieux confessionnel dans les écoles est écartée des délibérations du Congrès;

II. — L'éducation morale a pour but de préparer dans l'enfant l'honnête homme et le bon citoyen;

III. — L'enseignement de la morale s'appuie sur la raison, c'est-à-dire sur la conscience éclairée. Il s'applique à développer, chez les enfants, les sentiments de sincérité, de justice, de bonté, de solidarité; — il doit être identique pour les jeunes gens et pour les jeunes filles; — il est indépendant de toute confession religieuse, sans être hostile à aucune;

IV. — Il y aura une leçon de morale tous les jours;

V. — Le Congrès considère que l'essentiel est de faire de l'enfant une volonté énergique, de lui donner le courage du bien, courage rendu facile par la fixation de solides habitudes. Il faut pour cela l'aimer et lui rendre attrayant l'enseignement de la morale. Il faut en outre viser à rendre les enfants honnêtes, courageux et pleins d'initiative, car un honnête homme passif est complice du mal qu'il n'empêche pas.

VI. — Le Congrès, — considérant que nous devons élever l'enfant de façon qu'il soit plus tard son propre législateur, considérant que l'enfant ne peut s'améliorer que s'il collabore volontairement à son éducation, — émet l'avis que la discipline libérale, qui respecte et qui aime la personnalité de l'enfant, est la seule qui puisse faire des hommes libres.

VII. — L'éducation morale doit occuper à l'école la première place, mais elle doit pénétrer intimement tous les autres enseignement;

VIII. — Vœux divers :

1° Que des programmes nouveaux orientent tout l'enseignement vers l'éducation sociale;

2° Que l'on fasse la guerre et que l'on vote des lois contre la presse pornographique et contre l'étalage des gravures indécentes;

3° que l'on prenne toutes mesures pour enrayer l'alcoolisme;

4° que les discours et brochures de l'Académie française sur les prix de vertu soient envoyés chaque année à tous les instituteurs et institutrices.

d. *La séance plénière (matinée du samedi 4 août).*

Présidence de M. Gréard, assisté de MM. Bayet et Jacoulet.

M. Jules Dlustus, secrétaire du gouvernement de Bosnie-Herzégovine, fait hommage au Congrès d'une brochure sur le développement de l'enseignement primaire en Bosnie-Herzégovine dans ces vingt dernières années. Il dit en quelques mots les progrès que l'école a réalisés là-bas, sous l'administration austro-hongroise.

M. le Président remercie M. Jules Dlustus de sa brochure et de sa communication.

*
* *

M. le Président ouvre alors le débat sur la question de l'éducation morale. Il invite M. Duplan, président de la troisième section, à prendre place à ses côtés.

M. Postel, secrétaire de la troisième section, remplit les fonctions de secrétaire du Congrès pour cette partie de la séance. Il donne lecture des résolutions et vœux de la troisième section. M. le Président met ensuite chacun d'eux en discussion.

*
* *

1re résolution : toute question relative à l'enseignement religieux confessionnel est écartée.

M. le Président dit que c'est là une motion d'ordre : elle indique dans quel esprit la discussion doit être conduite. — Adopté.

*
* *

2me résolution : L'éducation morale a pour but de préparer dans l'enfant l'honnête homme et le bon citoyen.

M. de Resbecq propose l'amendement que voici : « L'éducation morale a pour but de faire d'honnêtes gens et de bons citoyens, en enseignant les devoirs envers Dieu, envers autrui, envers soi-même ».

M. Duplan fait remarquer que ce n'est pas le moment de discuter cet amendement, qui pourra être examiné tout à l'heure, quand viendra la question des directions à donner à l'enseignement de la morale.

Personne ne demandant la parole, la seconde résolution est adoptée sans autre observation.

* *

Au moment de passer à la troisième résolution, M. le chevalier Ohlsen, de Rome, fait entendre à l'assemblée qu'il ne suffit pas d'améliorer l'enseignement de la morale : il faut encore donner au maître d'école une grande autorité morale. Le cadre ne fait pas le tableau, mais le tableau sans cadre n'est pas complet. Or, le cadre, ici, c'est l'estime dont le maître jouit dans l'opinion publique. L'autorité de' l'officier lui vient justement de la haute considération en laquelle la nation le tient. Il en doit être ainsi pour l'instituteur. Ce n'est pas malheureusement ce que nous observons : le corps des instituteurs n'occupe pas dans la société la place qu'il mérite. Tout le monde rend hommage à l'instruction, mais ce n'est trop souvent qu'un hommage platonique. S'il y a.quelque part un congrès de médecine ou un congrès d'agriculture, les journaux en parlent à l'envi; si c'est un congrès d'enseignement, ils ne disent rien. Il est temps de réagir. L'association permettra aux instituteurs de revendiquer, non pas l'argent, mais l'honneur qui leur est dû. Fondons une association internationale qui nous mette en relations les uns avec les autres; elle nous aidera à vivre fraternellement, pour le plus grand profit de tous et de chacun.

Ces sentiments généreux, exprimés avec une parfaite bonne grâce, et sur un ton de franche bonhomie, valent à l'orateur un applaudissement unanime. M. le Chevalier Ohlsen s'excuse d'ailleurs de la digression.

M. le Président observe que c'est, en effet, pour le moment, une digression. La proposition de M. le chevalier Ohlsen sera examinée avec celles de la cinquième section.

M. le Président donne lecture de la troisième résolution et en met successivement aux voix les trois paragraphes :

1er paragraphe : « L'enseignement de la morale s'appuie sur la raison, c'est-à-dire sur la conscience éclairée. Il s'applique à développer, chez les enfants, les sentiments de sincérité, de justice, de bonté, de solidarité ».

M. de.Resbecq introduit ici à nouveau son amendement.

M. Comte, directeur d'École à Paris, membre du Conseil supérieur, s'élève contre cet amendement, qui cache, dit-il une arrière-pensée. On voudrait remettre en discussion la loi française, les programmes officiels français, les instructions des ministres de la République. Le Congrès, qui est international, n'a pas qualité pour cela. D'ailleurs, cette loi, ces programmes, ces instructions constituent la charte des instituteurs de France; ils y sont très attachés, et le Congrès ne permettra pas qu'on y touche.

L'amendement de M. de Resbecq n'est pas appuyé. Il est rejeté.

Le premier paragraphe est adopté sans autre observation. Il signifie que l'homme étant un être raisonnable, tout système d'éducation qui ne s'appuierait pas sur la raison et ne tendrait pas au développement de la raison serait, par définition, un système faux. C'est l'évidence même.

Il est également évident qu'on doit développer chez l'enfant les sentiments de sincérité, de justice, de bonté, de solidarité. Ce dernier sentiment est de date récente dans l'histoire de la morale. Nos aïeux l'ignoraient. Nous le devons au progrès de la science. Il est un signe de haute civilisation. C'est pourquoi nous y tenons essentiellement.

2ᵐᵉ paragraphe : « L'enseignement de la morale doit être identique pour les jeunes gens et pour les jeunes filles ».

Adopté sans observation. — C'est à Mˡˡᵉ Billotey, professeur à l'École Edgar-Quinet, et à Mˡˡᵉ Meyer, institutrice à Levallois, que nous devons, si nous ne nous trompons, ce paragraphe. Et Mˡˡᵉˢ Billotey et Meyer ont bien raison : on ne saurait savoir deux poids et deux mesures. Le principe est indiscutable. Mais, dans l'application, développera-t-on exactement chez la jeune fille les mêmes sentiments que chez le jeune homme? On parle beaucoup aujourd'hui de fortifier la volonté. Cela s'entend surtout de celle du jeune homme. Cela s'entend aussi de celle de la jeune fille : cependant, semble-t-il, dans une moindre mesure. Si nos garçons doivent avoir du caractère, il faut à nos filles de la grâce et de la bonté. « Il leur appartient, lit-on dans le programme des écoles primaires supérieures de filles, par la patience, par l'égalité d'humeur, de faire prévaloir sur l'idée de la lutte pour la vie l'idée de la concorde pour la vie. A elles de faire sentir ce que peuvent la persuasion, l'esprit de conciliation, l'amour de la paix, le respect mutuel. La pitié est leur don naturel. » Beaucoup pensent que les institutrices doivent développer dans leurs classes les leçons sur la charité, l'indulgence, l'obligeance, l'assistance, la bienfaisance, la sociabilité et la bonne humeur dans les relations, sur la politesse, sur la douceur de l'amitié. On ne dit pas que ces leçons soient inutiles aux garçons, mais c'est dans les écoles de filles qu'elles porteront leurs meilleurs fruits.

Mais cette réserve n'a qu'une valeur relative. Le vœu de Mlles Billotey et Meyer et du Congrès est au contraire un vœu très général, qui a une portée sociale plutôt que pédagogique. Ce sont nos mœurs qu'il faut réformer, plutôt que notre enseignement. Notre enseignement ne fait point, au fond, de différence entre les filles et les garçons; mais nos mœurs ne traitent pas la femme comme l'homme, ce qui est injuste.

3e paragraphe : « L'enseignement de la morale est indépendant de toute confession religieuse sans être hostile à aucune. »

Adopté sans observation. — C'est une définition très heureuse de l'école laïque, école de tolérance, de paix, de respect. Et c'est parce que l'école laïque est « indépendante de toute confession religieuse sans être hostile à aucune » que, de française, elle deviendra universelle.

*　*

4^a résolution : « Il y aura une leçon de morale tous les jours ».

M. Bayet ne pense pas qu'il faille faire une leçon didactique de morale tous les jours. On a voulu dire simplement que l'enseignement de la morale devait avoir le pas sur tous les autres enseignements et les pénétrer tous. Il est important que, chaque jour, à l'école, il soit question de morale, soit sous forme de leçon, soit sous forme de causerie ou de lecture.

M. le Président fait alors observer que la rédaction proposée n'est pas très claire; il convient de la modifier.

M. Loomans, instituteur à Anvers, délégué du cercle « Allewaert », demande au Congrès de conserver le mot « leçon de morale ». Il désire qu'on sache bien, en Belgique, que le Congrès international n'a pas considéré les instituteurs comme indignes de donner la « leçon » de morale.

M. le Président remarque que tout peut se concilier. A côté de la leçon de morale, au moyen de laquelle on donne l'enseignement méthodique et régulier de la morale, il y a des exercices qui permettent de faire chaque jour l'éducation morale de l'enfant.

M. Devinat, directeur de l'école normale d'instituteurs de la Seine, membre du Conseil supérieur, insiste pour que l'enseignement régulier de la morale ne disparaisse pas des programmes. Il demande donc le maintien de la leçon de morale, qui aura lieu deux ou trois fois par semaine. Mais, il est bien entendu que, les autres jours, l'instituteur fera, à toute occasion, et de la manière qu'il jugera la plus convenable, l'éducation morale de ses élèves.

L'amendement de M. Devinat est adopté. Le voici : « L'enseignement moral occupe à l'école la première place. Il fait l'objet d'une leçon ou d'un entretien tous les jours. Il pénètre intimement tous les autres enseignements. »

*
* *

5ᵉ résolution : il faut donner à l'enfant de bonnes habitudes, l'esprit d'initiative et le courage du bien. Pour cela il faut l'aimer.

M. Comte propose d'ajouter : il faut aussi le bien connaître : — On ne saurait en effet trop recommander aux maîtres l'étude psychologique de l'enfant. C'est le fondement nécessaire de toute science de l'éducation.

Adopté sans autre observation.

*
* *

6ᵉ résolution : il faut élever l'enfant de façon qu'il soit plus tard son propre législateur, et le soumettre en conséquence à une discipline libérale.

Adopté sans observation.

Il est inutile, je pense, d'expliquer et de justifier la discipline libérale. Elle a été admirablement définie dans les instructions de 1890. Il est vrai que ces instructions se rapportent à l'enseignement secondaire : mais elles se peuvent appliquer aussi bien dans l'enseignement primaire, et, de fait, on n'en suit pas d'autres aujourd'hui dans nos écoles normales et nos écoles primaires supérieures. Dans les écoles primaires élémentaires la discipline libérale a été plus lente à pénétrer : non que les maîtres l'aient jamais tenue en suspicion, mais parce que les élèves, moins préparés par l'éducation familiale à l'éducation universitaire, ne se prêtaient pas facilement à un régime de liberté, dont le régime d'autorité, seul connu d'eux, était exactement l'opposé. Régime de liberté : mais non régime d'indiscipline. Il faut être de mauvaise foi pour soutenir que nos nouveaux principes d'éducation ont amené dans nos établissements un relâchement des mœurs. Bien au contraire, nous leur devons déjà une génération plus éclairée, plus consciente de ses obligations, plus désireuse de bien remplir sa tâche, plus capable de faire son devoir. Et ces résultats précieux se multiplieront : la discipline libérale, qui traite l'enfant comme un être libre, qui fait constamment appel à sa raison et à sa conscience, a seule de la vertu. Ce sera l'honneur de l'Université républicaine que d'avoir renoncé à des pratiques séculaires, destinées à l'asservissement de la raison, et institué, dans tous ses établissements, du plus modeste au plus élevé, de l'école au lycée, une nouvelle règle de conduite, fondée sur la confiance en l'esprit humain.

Mais, pour porter tous ses fruits, la discipline libérale doit être observée dans la famille comme à l'école. La résolution du Congrès intéresse tous les éducateurs, parents et maîtres.

*
* *

La 7° résolution proposée par la section indiquait que l'éducation morale doit occuper à l'école la première place. — Mais la quatrième résolution du Congrès le dit déjà. — La 7° résolution de la section tombe. Elle fait place à une résolution nouvelle, proposée par Mlle Billotey et adoptée par le Congrès sans observation. La voici : « Le Congrès, — considérant que la conscience de l'enfant est d'autant moins éclairée qu'il est plus jeune, qu'il y a des cas où le maître ne peut justifier aux yeux de l'enfant l'ordre donné, — émet l'avis que la discipline libérale n'est pas exclusive du principe de l'obéissance, mais que l'autorité du maître doit s'effacer graduellement à mesure que la conscience de l'enfant se forme, et qu'elle n'est légitime qu'à la condition d'amener l'enfant à vivre un jour sous la seule autorité de sa propre conscience. »

Il n'y a aucune contradiction entre cette résolution et la précédente. Elles se complètent l'une l'autre fort heureusement. La première pose le principe général; la seconde, tenant compte de ce principe, indique la progression qu'il conviendra de suivre dans l'application, la transition qu'il faudra ménager, les conditions qu'il faudra observer.

Nous trouvons dans un des mémoires envoyés au Congrès l'explication très claire de ces tempéraments nécessaires[1] : « Les forces de l'âme sont lessentiments, l'intelligence qui, portée à son plus haut degré, devient la raison, enfin la volonté, d'abord précédée d'instincts.

« Ces forces n'apparaissent point au même moment chez l'enfant; de plus, elles n'agissent point avec la même intensité aux diverses époques de son évolution. De l'aveu unanime, les sentiments prennent sur lui beaucoup d'empire dès le jeune âge et ils conservent par la suite une grande influence sur ses actes. Il en est qui, développés, s'opposeraient à son amélioration morale, l'égoïsme par exemple. Il en est d'autres, au contraire, dont le développement favorise cette amélioration, le sentiment d'affection et d'amour par exemple.

« Il est clair que l'on doit tendre à affaiblir les premiers et à fortifier les seconds.

« Remarquons aussi que certains sentiments ne s'éveillent qu'avec l'éclosion de la raison — tel le sentiment de la dignité personnelle — et que l'on ne peut dès lors les utiliser qu'à une certaine heure. D'autre part, l'enfant n'agit point d'abord sous l'impulsion de sa volonté, il obéit ou à des sentiments ou à des iustincts; il prend aussi des habitudes, c'est-à-dire qu'il acquiert une aptitude et une disposition à recommencer certains actes. Cela est proprement, au point de vue moral, un nouveau genre de forces dont il faut tenir compte. D'autant que, d'après une loi psychologique bien connue, la répétition d'actes bons ou d'actes mauvais crée, avec l'aide de la raison, l'idée correspondante du bien et du mal.

---

1. Mémoire de **M.** Delaître, inspecteur de l'enseignement primaire à Beauvais.

« Le développement des forces de l'âme fait enfin apparaître la conscience morale, et, avec elle, la raison et la volonté libre.

« Cette conscience morale est la force par excellence qui permet à l'éducateur de mener à bonne fin son œuvre. C'est elle qui fait comprendre et goûter le bien, comprendre et haïr le mal. Faible d'abord, elle grandit par un exercice habituel; incessamment éveillée et associée à la raison, secondée par ces autres forces que sont les sentiments et les habitudes acquises, elle acquiert son plein perfectionnement, elle se découvre elle-même, se reconnaît, apprécie sa puissance; elle devient peu à peu autonome, et attirée invinciblement par la grandeur, la beauté et la joie du bien, elle entraîne avec elle la volonté de le réaliser. Elle sera désormais elle-même son propre guide : la mission de l'éducateur est achevée. » On ne saurait mieux dire.

*
* *

VIII. — Vœux divers :

1º Que des programmes nouveaux orientent tout l'enseignement vers l'éducation sociale.

Adopté sans observation. Cette orientation est en effet une des nécessités de l'heure présente. Mais des programmes nouveaux sont-ils indispensables?

2º Que l'on vote des lois contre la presse pornographique.

Adopté sans observation. — Il apparaît ici que l'œuvre de l'éducation morale n'est pas seulement l'affaire du maître d'école.

3º Que l'on prenne toutes mesures pour enrayer l'alcoolisme.

Adopté sans observation.

4º Que les discours et brochures de l'Académie française sur les prix de vertu soient envoyés chaque année à tous les instituteurs et institutrices.

M. Van Meenen demande que la formule soit un peu modifiée dans le sens international.

M. Édouard Petit, inspecteur général de l'instruction publique, dit qu'en France même il y a d'autres sociétés que l'Académie française.

M. Devinat remarque que l'enseignement du livre est quelquefois plus efficace que celui du maître. Un bon livre peut faire une forte impression sur l'esprit de l'enfant. L'orateur souhaite pour nos bibliothèques scolaires et post-scolaires une collection de livres simples, purs, attrayants, d'une haute inspiration morale, comme sont ceux d'Alphonse Daudet. Il faudrait indiquer cette voie à nos écrivains.

La proposition, modifiée en conséquence, est adoptée.

Le débat sur l'éducation morale se trouve ainsi terminé. Voici le texte des résolutions, tel qu'il a été arrêté par le Congrès.

e. Résolutions et vœux du Congrès.

1° Toute question relative à l'enseignement religieux confessionnel dans les écoles est écartée des délibérations du Congrès;

2° L'éducation morale a pour but de préparer dans l'enfant l'honnête homme et le bon citoyen;

3° L'enseignement de la morale s'appuie sur la raison, c'est-à-dire sur la conscience éclairée. Il s'applique à développer, chez les enfants, les sentiments de sincérité, de justice, de bonté, de solidarité; — il doit être identique pour les jeunes gens et pour les jeunes filles; — il est indépendant de toute confession religieuse, sans être hostile à aucune;

4° L'enseignement moral occupe à l'école la première place. Il fait l'objet d'une leçon ou d'un entretien tous les jours. Il pénètre intimement tous les autres enseignements;

5° Le congrès considère que l'essentiel est de faire de l'enfant une volonté énergique, de lui donner le courage du bien, courage rendu facile par la fixation de solides habitudes. Il faut pour cela l'aimer, le bien connaître, et lui rendre attrayant l'enseignement de la morale. Il faut en outre viser à rendre les enfants honnêtes, courageux et pleins d'initiative, car un honnête homme passif est complice du mal qu'il n'empêche pas;

6° Le Congrès, considérant que nous devons élever l'enfant de façon qu'il soit plus tard son propre législateur; considérant que l'enfant ne peut s'améliorer que s'il collabore volontairement à son éducation, émet l'avis que la discipline libérale, qui respecte et qui aime la personnalité de l'enfant, est la seule qui puisse faire des hommes libres;

7° Le Congrès, considérant que la conscience de l'enfant est d'autant moins éclairée qu'il est plus jeune, qu'il y a des cas où le maître ne peut justifier aux yeux de l'enfant l'ordre donné, émet l'avis que la discipline libérale n'est pas exclusive du principe de l'obéissance, mais que l'autorité du maître doit s'effacer graduellement à mesure que la conscience de l'enfant se forme, et qu'elle n'est légitime qu'à la condition d'amener l'enfant à vivre un jour sous la seule autorité de sa propre conscience;

8° Le Congrès émet le vœu :

a. Que des programmes nouveaux orientent tout l'enseignement vers l'éducation sociale ;

b. Que l'on vote des lois contre la presse pormographique et contre l'étalage de gravures indécentes;

c. Que l'on prenne toutes mesures pour enrayer l'alcoolisme;

d. Que l'on encourage la publication et la diffusion d'ouvrages (récits, bibliographies, romans, etc.) simples, attrayants et d'une haute inspiration morale, qui seront placés dans les bibliothèques scolaires et post-scolaires.

IV. — De l'enseignement primaire supérieur.

a. *Le rapport préparatoire.*

Question nouvelle, qu'aucun Congrès n'avait encore étudiée. Question française, qui n'était cependant pas déplacée dans un Congrès international. Sa nouveauté la rendait intéressante; les étrangers eux-mêmes devaient être curieux de savoir comment nous avions résolu chez nous le problème de l'éducation professionnelle.

Le Comité d'organisation avait reçu sur l'enseignement primaire supérieur 46 mémoires, dont 2 de pays étrangers. Il les avait remis à M. Lacabe, inspecteur de l'enseignement primaire à Paris, et à M. Petit, directeur de l'école primaire supérieure de Nancy. La collaboration de MM. Lacabe et Petit nous a valu un rapport très étudié, où abondent les idées générales.

Le rapport fait d'abord l'historique de la question. Créé en 1833, dénaturé en 1840, oublié en 1850, restauré en 1881, 1882, 1886, 1887, 1893, 1898, l'enseignement primaire supérieur doit à la troisième République ses écoles, ses programmes, ses élèves.

Il se distingue de l'enseignement secondaire moderne et de l'enseignement spécial de commerce et d'industrie. Pratique, il ne poursuit pas la même fin et n'a pas la même clientèle que le premier. Théorique, il se préoccupe plus que le second ne saurait le faire d'assurer la culture intellectuelle et morale de ses disciples. Il se propose la conciliation harmonieuse de l'éducation générale et de l'éducation professionnelle. « L'école primaire supérieure prépare l'enfant à la vie et c'est pour cela qu'elle a garde de ne pas sacrifier l'homme à l'ouvrier. Elle pense que celui dont l'intelligence a été ouverte à l'observation, dont le jugement a été fortifié par la réflexion, dont la raison et la conscience ont été éveillées aux idées de vérité et de droiture, que celui-là est admirablement préparé au rôle modeste qui lui reviendra dans la société. Non par une préparation spéciale, mais en développant des dispositions d'esprit, des qualités de cœur et de caractère, elle conduit les jeunes gens au seuil des multiples professions agricoles, commerciales, industrielles qui leur sont ouvertes. »

Le rapport insiste sur la différence qu'il y a entre les écoles primaires supérieures et les écoles pratiques de commerce et d'industrie. Celles-ci ne forment que quelques menuisiers et un grand nombre d'ajusteurs : ce sont, avant tout, des écoles préparatoires aux industries métallurgiques. « Mais, avec leur spécialisation excessive, donnent-elles satisfaction aux fils de boulangers, pâtissiers, confiseurs, bottiers, tailleurs, épiciers, chapeliers, potiers, et à tant d'autres, dont la nomenclature serait illimitée? » Les écoles primaires supérieures répondent à des besoins plus généraux que les écoles pratiques; elles peuvent rendre des services à la campagne comme à la ville. Elles ont le droit de donner l'enseignement pratique. Mais, « quand l'école primaire supérieure touche aux questions techniques, aborde les opérations pratiques, c'est avec la pensée qui préside à tous ses exercices : faire l'éducation des sens, de l'esprit, de la volonté. Elle prépare ainsi les assises solides, les bases scientifiques de la véritable instruction professionnelle. »

Le rapport examine ensuite la durée des études à l'école primaire supérieure et demande que le certificat d'études primaires élémentaires ne puisse être subi avant l'âge de douze ans.

La première année de l'école primaire supérieure sera une année d'études générales. La division en sections ne commencera qu'à la seconde année. Les programmes et l'horaire des écoles primaires supérieures devront toujours se plier aux intérêts régionaux. C'est un point important, sur lequel le rapport insiste avec raison. On lira avec profit la page que voici :

« L'avis général pourrait se résumer ainsi qu'il suit : laisser une large initiative aux écoles primaires supérieures, leur permettre — sous le contrôle des autorités universitaires — d'adapter les programmes types aux besoins régionaux et locaux. A cet égard, les programmes officiels — certains chapitres au moins de ces programmes — ne devraient être présentés à ces écoles qu'à titre d'indication. Il peut être, il sera souvent avantageux de les restreindre ou de les développer selon les milieux; parfois même on y introduira des enseignements qui n'y sont pas prévus. Dans telle localité industrielle, un cours de mécanique, un cours de technologie spéciale, un cours de géométrie descriptive s'imposera. Dans telle autre, qui est agricole, c'est ou la zootechnie, ou la sylviculture, ou la viticulture, qui prendra la prépondérance. Ici, le cours de chimie sera agricole; là, il sera industriel. En telle ville, il y aura avantage à faire surtout du dessin géométrique, ou même du dessin géométrique appliqué à des travaux spéciaux (pièces de mécanique, organes de navires, menuiserie, construction de bâtiment); en telle autre ville, il y aura intérêt à aborder des exercices de composition décorative. L'individualité qu'il est nécessaire d'introduire dans les cours théoriques ne doit pas moins s'affirmer dans les travaux pratiques. Jusqu'à ce jour, on a trop exclusivement ouvert dans les écoles des ateliers de menuiserie et d'ajustage; les écoles pratiques même n'échappent pas à cette critique. Il en résulte une surproduction de sujets dans certains métiers. Déjà les ouvriers de la métallurgie commencent à souffrir de la concurrence qu'ils se font, car la machine tend à se substituer de plus en plus au travail de l'ajusteur. Par contre, il est tant de métiers ouverts à l'activité de la jeunesse, serrurerie, chaudronnerie, fonderie, construction, coupe de pierres, tissage, etc., que l'école supérieure aurait tort de négliger! Les bons sujets y réussiront, s'ils y apportent, avec le goût du travail, des connaissances solides et des habitudes d'esprit méthodiques. Mais il est un principe dont l'école supérieure ne se départira sous aucun prétexte : la science, et surtout la science mathématique, est le fondement de toute connaissance sérieuse, qu'il s'agisse d'instruction technique ou de travaux pratiques. L'apprenti d'abord, l'ouvrier plus tard, pourra dans la mesure où il saura. C'est pour ce motif que l'ébauche d'apprentissage qu'il fera à l'école supérieure vaudra surtout par la méthode qui y aura présidé, par le secours que la géométrie, le dessin, le calcul auront apporté à l'exécution, par une succession lente et progressive d'exercices qui ne devront rien à l'imprévu et au hasard. Ce qui importe donc, en vue des progrès futurs, c'est moins l'habileté manuelle immédiate, que le savoir net, précis, et susceptible, dans la suite, d'applications fécondes. Sans donc permettre jamais d'affaiblir l'enseignement théorique, on laissera aux conseils de professeurs, après avis des comités de patronage, le soin de rédiger les programmes particuliers de chaque école. Au courant des besoins de l'industrie, du commerce, de l'agriculture du canton, les comités de patronage rendront de précieux services. Il y aura lieu de s'inspirer de leurs avis, toutes les fois qu'ils ne s'immisceront pas dans les questions de méthode, et qu'ils éviteront de descendre dans les détails d'exécution. Aptes à signaler le but, ils le sont moins à indiquer les moyens pratiques les plus sûrs et les plus prompts pour l'atteindre. Ils ont, en outre, une tâche à laquelle ils ne failliront pas, si on leur laisse une part d'initiative et d'autorité dans le fonctionnement de l'école primaire supérieure : c'est le placement des élèves sortants, dont ils s'occuperont parallèlement avec les sociétés amicales d'anciens élèves. »

Le rapport traite en dernier lieu du certificat d'études primaires supérieures et de l'internat. Il demande que les candidats au certificat puissent produire un livret scolaire et que les internes soient surveillés par de jeunes instituteurs ayant fait leurs preuves.

Des conclusions fermes, sur lesquelles la quatrième section va être appelée à délibérer, terminent le rapport.

b. *Les séances de la quatrième section.*

La quatrième section composa son bureau de la manière que voici :

Président d'honneur : M. René Leblanc, inspecteur général de l'instruction publique ;

Président effectif : M. Bonnaric, inspecteur d'académie, directeur départemental de l'enseignement primaire du Nord ;

Vice-présidents : M. Coym, professeur à la « Selecta » de Hambourg et Mlle Dugardin, directrice de l'école primaire supérieure de Lille ;

Secrétaire : M. Myard, directeur de l'école primaire supérieure de Belley.

La quatrième section a tenu trois longues séances, très remplies, dans la matinée et l'après-midi du jeudi 2 août et la matinée du vendredi 3 août.

La discussion a été minutieuse. Elle a porté successivement sur tous les points indiqués dans le rapport préparatoire et sur un certain nombre d'autres. Elle a abouti à un grand nombre de résolutions et de vœux (une trentaine). Comme plusieurs de ces résolutions et vœux n'ont pas été retenus en séance plénière à cause de leur caractère trop particulier, et que cependant il est bon de les connaître dans l'intérêt de l'enseignement primaire supérieur français, nous nous proposons, contrairement à ce que nous avons fait jusqu'ici, de les énumérer dès maintenant. Le compte rendu des séances de la section en sera plus long; mais, en compensation, le compte rendu de la séance plénière en sera plus court.

I. — DÉFINITION ET CARACTÈRE DE L'ENSEIGNEMENT PRIMAIRE SUPÉRIEUR.

a. « L'enseignement primaire supérieur aura pour objet :

1° « D'assurer un complément d'éducation générale aux jeunes gens ayant terminé les études de l'école primaire élémentaire;

2° « De commencer leur éducation professionnelle, abrégeant par là l'apprentissage sans le supprimer complètement » (conclusion du rapport).

Il s'agit en effet de compléter l'éducation générale et de commencer l'éducation professionnelle. L'école primaire supérieure se propose de concilier les deux éducations, ou plutôt de donner l'éducation générale comme fondement à l'éducation professionnelle : œuvre nécessaire, d'une incontestable valeur.

b. « L'enseignement primaire supérieur se distinguera de l'enseignement secondaire par son caractère pratique et par la prépondérance qu'il accordera aux applications sur la théorie pure dans les études scientifiques.

« Il différera de l'enseignement donné dans les écoles pratiques de commerce et d'industrie en ce que le développement des diverses facultés de l'adolescent restera sa grande préoccupation, et qu'il ne sacrifiera point la culture intellectuelle et morale à l'apprentissage professionnel » (conclusion du rapport).

La distinction ainsi faite entre les écoles primaires supérieures et les écoles pratiques de commerce et d'industrie est très juste :

on donne plutôt dans celles-ci un enseignement professionnel, utilitaire, immédiatement utilisable; on se préoccupe plutôt, dans celles-là, de la culture générale.

Mais, si les écoles primaires supérieures s'opposent assez franchement aux écoles pratiques, on peut se demander si elles se distinguent aussi nettement des lycées et collèges. Certes on ne saurait comparer l'enseignement primaire supérieur à l'enseignement classique ou moderne : ils ne sont pas comparables. Mais dans nombre de lycées et collèges, on se propose en ce moment-ci de restaurer, sous un nom ou sous un autre, ce qu'au temps de Duruy on appelait l'enseignement spécial. Cette restauration est nécessaire : la force des choses l'impose. Or, l'enseignement spécial restauré ne sera pas autre chose, il ne saurait être autre chose que l'enseignement primaire supérieur [1]. L'enseignement primaire supérieur sera, dans quelques années, donné dans les collèges (et même dans certains lycées) comme dans les écoles primaires supérieures. Est-ce à dire que collège et école se feront une âpre concurrence? Non, si l'on évite de les mettre tout à côté l'un de l'autre. Leur clientèle ne sera jamais la même : les uns se recruteront dans la petite bourgeoisie, les autres dans l'élite du peuple. Mais l'enseignement sera le même : enseignement général uniforme, enseignement pratique divers et varié. Et l'Université n'aura qu'à se féliciter de cette situation : elle offrira aux familles, ici dans une école primaire supérieure, là dans un collège, le genre d'éducation qui convient aujourd'hui le mieux aux classes moyennes, et les familles, trouvant partout, sous des noms différents, des établissements de l'État appropriés à leurs besoins, viendront en foule à l'Université. En même temps que l'Université, le pays trouvera son compte à cette organisation. En résumé, si les écoles primaires supérieures se distinguent aujourd'hui assez nettement des lycées et collèges, cette distinction ne sera peut-être plus demain aussi tranchée.

---

1. La nécessité où vont se trouver les lycées et collèges de présenter désormais au certificat d'études primaires supérieures ceux de leurs élèves qui se destinent aux écoles d'arts et métiers leur fera une obligation d'instituer chez eux, sans tarder, l'enseignement primaire supérieur. — Ce n'est là qu'un détail, mais significatif.

II. — Transition entre l'école élémentaire
et l'école supérieure.

« En raison de l'impossibilité d'organiser partout, comme il serait souhaitable, des cours supérieurs d'école élémentaire, il convient d'encourager la création, dans les écoles primaires supérieures, d'une année préparatoire qui recevra les élèves pourvus du certificat d'études primaires élémentaires » (vœu dû à l'initiative de la section).

L'idéal serait que le cours supérieur existât dans toutes les écoles élémentaires. Mais c'est un idéal difficile à réaliser, surtout à la campagne. Il serait donc bon de créer, principalement dans les écoles primaires supérieures rurales, une année préparatoire. Une difficulté cependant se présentera si l'on recule à douze ans (comme le demandera tout à l'heure la quatrième section) l'âge des candidats au certificat d'études primaires élémentaires : car, entrant à douze ans à l'école primaire supérieure, ils n'auront point le temps de s'arrêter à l'année préparatoire : il est en effet nécessaire que la plupart d'entre eux quittent l'école primaire supérieure à quinze ans. L'année préparatoire ne semble utile que dans les conditions actuelles (pour ceux qui obtiennent le certificat d'études à onze ans).

III. — L'enseignement primaire supérieur et l'enseignement
pratique, industriel et commercial.

« L'école primaire supérieure étant éminemment propre, par le caractère à la fois pratique et éducatif de son enseignement, à former l'enfant du peuple, qui doit devenir un citoyen éclairé en même temps qu'un travailleur habile, le Congrès, afin de parer au danger d'une spécialisation hâtive dans l'apprentissage du métier manuel, émet le vœu :

a. « Que les écoles primaires supérieures ne soient plus transformées en écoles pratiques, et qu'elles soient maintenues au ministère de l'Instruction publique, qui les a créées et les a rendues prospères.

« A cette occasion, le Congrès appelle instamment l'attention du Parlement sur les lourdes et dangereuses conséquences qui résultent pour l'enseignement primaire supérieur de l'article 69 de la loi de finances du 26 janvier 1892 » (conclusion du rapport, corrigée et augmentée sur l'initiative de la section).

L'article 69 en question est celui qui dispose que « les écoles primaires supérieures professionnelles dont l'enseignement est principalement industriel ou commercial relèveront à l'avenir du ministère du Commerce et prendront le nom d'écoles pratiques de commerce ou d'industrie ».

En vertu de cet article, un certain nombre d'écoles primaires supérieures ont été transformées en écoles pratiques. Dès qu'une école primaire supérieure développe chez elle l'enseignement professionnel, le ministère du Commerce la réclame. Il nous a pris cette année même nos quatre grandes écoles nationales. La tendance est donc très marquée.

On peut la regretter. Non que nous prétendions rivaliser avec le ministère du Commerce : cette rivalité de deux administrations publiques ne s'expliquerait pas. Nous reconnaissons volontiers les services que rendent, dans telle ou telle localité, les écoles pratiques. Mais nous disons que les écoles pratiques, ne donnant que l'enseignement professionnel (et un enseignement professionnel limité), sont plutôt des écoles spéciales, tandis que les écoles primaires supérieures, donnant l'éducation intellectuelle et morale en même temps que l'éducation technique (et une éducation technique étendue) répondent plutôt à un besoin général.

b. « Que les écoles primaires supérieures soient établies en plus grand nombre dans les centres industriels et commerciaux » (conclusion du rapport).

La multiplication des écoles primaires supérieures est en effet désirable. A la condition toutefois qu'on tienne compte de certaines conditions de succès : les écoles primaires supérieures, devant se recruter sur place et placer leurs élèves autour d'elles, ne peuvent guère se développer que dans les localités de quelque importance.

Actuellement, la répartition des écoles primaires supérieures sur le territoire n'est pas très heureuse. Cela tient à ce qu'elles sont sorties de terre un peu au hasard, au gré souvent de fantaisies locales, sans ressources suffisantes. Il a bien fallu, au début, favoriser l'initiative des municipalités qui, sans trop savoir pourquoi, avaient foi dans le nouvel enseignement. Et il est arrivé que tels petits départements ont eu rapidement une demi-douzaine, et même plus, d'écoles primaires supérieures, tandis que tels autres, plus importants, n'en avaient qu'une ou deux ou même n'en avaient point du tout. Aussi trouve-t-on encore aujourd'hui des écoles primaires supérieures qui végètent pauvrement et n'ont de supérieur que le nom, sans ateliers, sans laboratoires, sans sections professionnelles, tandis que de grandes villes en sont privées, où elles prospéreraient et rendraient les plus grands services.

c. « Que les cours complémentaires soient encouragés seulement dans les milieux qui ne peuvent alimenter une école primaire supérieure » (vœu dû à l'initiative de la section).

Que ferons en effet donc là où nous n'aurons pas d'école primaire supérieure? Laisserons-nous les enfants aller dans les établissement privés, qui, eux, se trouvent partout? C'est là que le cours complémentaire nous rendra des services. Les cours complémentaires sont nécessaires dans beaucoup de petits pays (même dans les grandes villes, même à Paris).

d. « Que le régime mixte créé par la loi de 1880 soit conservé dans les écoles où il existe encore » (vœu dû à l'initiative de la section).

Conservé, oui. Étendu, non. Le régime du *condominium* n'a pas donné, en général, de résultats satisfaisants.

IV. — ENCOURAGEMENTS DEMANDÉS EN FAVEUR DE L'ÉCOLE PRIMAIRE SUPÉRIEURE.

Le Congrès émet le vœu :

a. « Que le Parlement mette l'administration centrale de l'Instruction publique en état de subvenir plus largement aux besoins et à l'extension de l'école primaire supérieure et d'accommoder les diverses écoles aux exigences et convenances de la région. » (Vœu dû à l'initiative de la section.)

b. « Que les conseils généraux, en raison des services que les écoles primaires supérieures rendent, non seulement à la ville mais à la région, interviennent en ce qui concerne l'entretien de ces écoles. » (Vœu dû à l'initiative de la section.)

Vœu très légitime; souhaitons qu'il soit entendu.

V. — Enseignement et programmes.

a. « Les programmes de 1893 seront conservés; pourtant, chaque école doit être libre de les restreindre ou de les amplifier, en y introduisant, selon les besoins de la région, des notions de mécanique, de technologie spéciale, de zootechnie, de sylviculture, de chimie industrielle ou agricole. » (Conclusion du rapport.)

Les programmes de 1893 sont en effet très heureux[1]. Il y a lieu de les conserver, surtout pour l'enseignement général. Quant à l'enseignement professionnel, il doit nécessairement varier de pays à pays. Il ne faut pas que nos écoles primaires supérieures soient uniformément taillées sur le même patron. C'est pour elles une urgente nécessité que de se diversifier pour devenir régionales.

b. « Le programme et l'horaire spéciaux à chaque établissement seront dressés par le directeur en conseil des professeurs, après avis du comité de patronage, et définitivement arrêtés par l'inspecteur d'académie. » (Conclusion du rapport.)

Excellente décentralisation.

c. « Les enseignements de première année seront communs à toutes les divisions de l'école, et les sections spéciales (agricole, commerciale, industrielle) ne seront établies qu'à partir de la seconde année d'études. »

Le rapport proposait d'ajouter aux sections agricole, commerciale et industrielle une section ménagère, dont les travaux n'auraient commencé qu'en seconde année. Mais, sur l'observation faite dans la commission que l'enseignement ménager était pour les jeunes filles un enseignement général (observation fort juste), on renonça à la section ménagère, et on adopta le vœu suivant :

d. « Dans les écoles de filles, un enseignement ménager pratique et commun à toutes les sections sera organisé. »

---

1. Nous avons eu l'occasion de les apprécier dans la *Revue pédagogique*, numéro de mai 1900.

La 4ᵉ commission se mettait ainsi d'accord, sans entente préalable, avec la 1ʳᵉ commission.

e. « Les écoles supérieures doivent être abondamment pourvues de matériel scientifique et d'outillage pour le travail manuel et pratique. » (Conclusion du rapport.)

f. « Les exercices manuels et pratiques, toujours fondés sur des notions précises de géométrie et de dessin, ne seront pas uniformément empruntés à la menuiserie et à l'ajustage ; mais, s'inspirant des industries locales, ils auront pour objet, suivant le cas, la serrurerie, la chaudronnerie, la fonderie, la coupe de pierres, le tissu, la porcelaine, » etc. (Conclusion du rapport.)

g. « Les écoles à section agricole disposeront toutes d'un champ de démonstration qui permette de vulgariser les procédés de culture intéressant le pays, et d'un atelier où les élèves de la section agricole recevront des notions de travail manuel spéciales à l'outillage agricole. » (Conclusion du rapport, légèrement modifiée par la section.)

h. « Il sera organisé, plus particulièrement au profit des élèves de 3ᵉ année, des visites régulières aux usines ou aux exploitations de la région. » (Conclusion du rapport.)

i. « L'institution des bourses de séjour à l'étranger, en faveur des maîtres et des élèves de l'enseignement primaire supérieur, est à encourager ou à développer ; il convient d'attribuer de ces bourses aux écoles de jeunes filles. » (Vœu dû à l'initiative de la section).

La section a entendu sur ce point une intéressante déposition de M. Coym, professeur à la « Selecta » de Hambourg ; M. Coym a montré toute l'importance de l'étude des langues vivantes et tout le parti qu'on en savait tirer à Hambourg. Il est indispensable qu'en France s'affirment les progrès que nous avons déjà faits dans la connaissance des langues étrangères.

VI. — LE CERTIFICAT D'ÉTUDES PRIMAIRES ÉLÉMENTAIRES DANS SES RAPPORTS AVEC LE RECRUTEMENT DE L'ÉCOLE PRIMAIRE SUPÉRIEURE.

a. « L'âge exigé des candidats au certificat d'études sera de douze ans au 1ᵉʳ octobre qui suit la session ; — des dispenses de trois mois pourront être accordées. » (Conclusion du rapport, légèrement modifiée sur l'initiative de la section.)

Ce même vœu a été, nous l'avons vu, proposé par la 2ᵉ section et adopté par le Congrès.

b. « Le certificat d'études deviendra la sanction des études complètes de l'enseignement élémentaire. » (Conclusion du rapport.)

Cela se fera sans doute si le certificat d'études est reporté à douze ans.

VII. — Le certificat d'études primaires supérieures.

a. « Dans l'examen du certificat d'études primaires supérieures, les épreuves spéciales variables avec les sections pourront porter sur les matières d'enseignement particulières à chaque école. » (Conclusion du rapport.)

Comme on va le voir, la tendance de la 4ᵉ section a été de modifier profondément le caractère du certificat d'études primaires supérieures : c'est aujourd'hui un examen public, ouvert aux élèves des écoles privées comme à ceux des écoles publiques, le même, dans un département donné, pour tous les candidats du département. Or on voudrait en faire un diplôme de fin d'études, délivré dans l'intérieur des établissements, réservé par conséquent, dans un établissement donné, aux élèves de cet établissement. Nous examinerons tout à l'heure cette modification. Disons seulement, pour l'instant, que si l'examen conserve son caractère actuel, il ne paraît guère possible d'y introduire des épreuves particulières à chaque école. Les épreuves particulières ne pourraient sans doute être admises qu'avec le diplôme. Beaucoup pensent d'ailleurs que l'examen du certificat d'études primaires supérieures, tel qu'il est aujourd'hui organisé, est suffisamment souple pour répondre à tous les besoins.

b. « Il y aura chaque année deux sessions d'examen, et les candidats ajournés aux épreuves orales de la première conserveront à la seconde le bénéfice de leur admissibilité. » (Conclusion du rapport.)

En ce qui concerne la seconde session, il en serait du certificat d'études primaires supérieures comme du brevet.

Quant au bénéfice de l'admissibilité, c'est un privilège réservé jusqu'ici à l'enseignement secondaire. Si cette disposition a produit dans l'enseignement secondaire de bons résultats (ce qui serait à examiner), il n'y a pas de raison pour la refuser à l'enseignement primaire.

Mais, en ce cas, il faudrait, semble-t-il, compléter le vœu en ajoutant : « ajournés aux épreuves orales ou aux épreuves pratiques. » Les épreuves pratiques sont en effet éliminatoires, même après le succès aux épreuves orales.

c. « Des fonctionnaires des écoles primaires supérieures feront toujours partie de la commission d'examen et cette commission ne pourra statuer sans prendre connaissance du livret scolaire de l'élève. » (Vœu dû à l'initiative de la section.)

Chose curieuse : certains établissements secondaires, qui présentent, eux aussi, des candidats au certificat d'études primaires supérieures ou qui vont en présenter (à cause du concours des arts et métiers) se plaignent que la commission ne soit composée que de fonctionnaires des écoles primaires supérieures ; et voici que ceux-ci se plaignent au contraire de ne pas être suffisamment représentés dans cette commission. Ne pourrait-on mettre tout le monde d'accord en appliquant simplement l'article 246 de l'arrêté du 18 janvier 1887, qui compose le jury d'examen de fonctionnaires de l'enseignement secondaire et de fonctionnaires de l'enseignement primaire ?

Quant au livret scolaire, son introduction au certificat d'études primaires supérieures paraît désirable.

d. « Il n'y aura qu'une seule épreuve de composition française à l'écrit de l'examen du certificat d'études primaires supérieures. » (Vœu dû à l'initiative de la section.)

Il y a actuellement (et depuis peu) une composition de morale et une composition française. Il s'agirait de supprimer l'une ou l'autre. Cependant, elles ne font pas double emploi et exigent, pour être traitées, des qualités différentes. En instituant ces deux épreuves, l'administration a voulu marquer l'importance qu'elle attachait à l'enseignement général, à l'éducation intellectuelle et morale. Revenir à l'épreuve unique, ne serait-ce pas réduire la part de la culture générale à l'école primaire supérieure ?

e. « Le nom de certificat sera changé en celui de diplôme de fin d'études. » (Vœu dû à l'nitiative de la section.)

Nous avons montré plus haut la différence qu'il y a entre le certificat et le diplôme. Le certificat, étant un examen public, confère certains droits. Le diplôme, qui serait un examen fermé, pourrait-il, dans notre législation, conférer les mêmes droits? Les lycées et collèges de jeunes filles délivrent des diplômes de fin d'études secondaires : ces diplômes n'ont pas de valeur légale. Dans ces conditions, pense-t-on que les écoles primaires supérieures aient à gagner au change?

D'autre part, l'examen du certificat d'études primaires supérieures est actuellement ouvert aux élèves des lycées et collèges comme à ceux des écoles primaires supérieures. Les lycées et collèges vont justement, nous l'avons déjà dit, préparer des candidats au certificat d'études primaires supérieures : on ne saurait leur refuser cette faculté Il y a, comme on le voit, d'autres intérêts que ceux des écoles primaires supérieures engagés dans la question.

f. « Des sanctions sérieuses seront accordées à la possession de ce diplôme. » (Vœu dû à l'initiative de la section.)

Du « diplôme », cela ne paraît guère possible. Du « certificat », c'est possible. D'aucuns estiment toutefois que ces sanctions ne devraient pas faciliter l'entrée dans les administrations publiques ni tendre à augmenter le nombre des candidats aux fonctions de l'État, du département ou de la commune. L'enseignement primaire supérieur a pour objet principal de fournir à l'agriculture, au commerce, à l'industrie, des chefs de culture, de maison, d'atelier, suffisamment instruits et exercés. Il ne vise en principe ni aux carrières libérales ni aux fonctions publiques.

g. « Il sera permis aux candidats aux écoles des arts et métiers non pourvus de ce diplôme de se présenter conditionnellement au concours d'admission. » (Vœu dû à l'initiative de la section.)

Il faudrait que le certificat d'études primaires supérieurs précédât de quelques semaines ou au moins de quelques jours le concours d'admission aux écoles d'arts et métiers. S'il ne le précède pas, cela obligera nos élèves à faire une quatrième année à l'école primaire supérieure et les exposera à dépasser la limite d'âge; si au contraire l'examen du certificat précède le concours d'admission, comme le programe du certificat se rapproche sensiblement de celui du concours d'admission, nos élèves pourront se présenter la même année au certificat et au concours : ainsi font déjà les candidats aux écoles normales, qui subissent l'examen du brevet élémentaire quelques semaines avant de se présenter au concours d'admission. Il ne sera sans doute pas difficile aux deux ministères de l'Instruction publique et du Commerce de s'entendre sur ce point. Que si l'entente est impossible, on obtiendra sans doute au moins que les candidats non munis du certificat puissent prendre part au concours, sous réserve de produire le certificat ultérieurement. Ainsi fait-on pour les candidats aux écoles normales qui échouent au brevet en juillet.

VIII. — ORGANISATION DE LA SURVEILLANCE DANS LES INTERNATS ANNEXÉS AUX ÉCOLES PRIMAIRES SUPÉRIEURES.

« Des emplois de maîtres surveillants, jouissant des mêmes avantages que les instituteurs, seront créés dans les écoles primaires supérieures qui ont un internat ou un externat surveillé.» (Conclusion du rapport.)

Ce serait modifier le caractère de ces internats, qui, dans l'enseignement primaire, sont l'affaire particulière du directeur. Mais, la question de l'internat étant sous beaucoup de rapports une question d'éducation morale, l'administration ne saurait prendre trop de précautions en ce qui concerne la surveillance des internes.

IX. — COMITÉS DE PATRONAGE, ASSOCIATIONS D'ANCIENS ÉLÈVES.

« La constitution des comités de patronage et des associations d'anciens élèves, qui existent déjà auprès d'un grand nombre d'écoles primaires supérieures, et qui s'intéressent au placement des élèves sortants, doit devenir une mesure générale pour toutes les écoles primaires supérieures. » (Conclusion du rapport, légèrement modifiée.)

Il appartient, semble-t-il, aux Écoles primaires supérieures qui n'ont pas encore de comité de patronage ou d'association d'anciens élèves de provoquer la création de ces deux organes complémentaires et nécessaires.

c. Récapitulation des Résolutions et vœux de la quatrième section.

I. — Définition et caractère de l'enseignement primaire supérieur.

a. L'enseignement primaire supérieur aura pour objet :

1° D'assurer un complément d'éducation générale aux jeunes gens ayant terminé les études de l'école primaire élémentaire;

2° De commencer leur éducation professionnelle, abrégeant par là l'apprentissage sans le supprimer complètement.

b) Il se distinguera de l'enseignement secondaire par son caractère pratique et par la prépondérance qu'il accordera aux applications sur la théorie pure dans les études scientifiques.

Il différera de l'enseignement donné dans les écoles pratiques de commerce et d'industrie en ce que le développement des diverses facultés de l'adolescent restera sa grande préoccupation, et qu'il ne sacrifiera point la culture intellectuelle et morale à l'apprentissage professionnel.

II. — Transition entre l'école élémentaire et l'école supérieure :

En raison de l'impossibilité d'organiser partout, comme il serait souhaitable, des cours supérieurs d'école élémentaire, il convient d'encourager la création, dans les écoles primaires supérieures, d'une année préparatoire qui recevra les élèves pourvus du certificat d'études primaires élémentaires.

III. — L'enseignement primaire supérieur et l'enseignement pratique, industriel et commercial.

L'école primaire supérieure étant éminemment propre, par le caractère à la fois pratique et éducatif de son enseignement, à former l'enfant du peuple, qui doit devenir un citoyen éclairé en même temps qu'un travailleur habile, le Congrès, afin de parer au danger d'une spécialisation hâtive dans l'apprentissage du métier manuel, émet le vœu:

a. Que les écoles primaires supérieures ne soient plus transformées en écoles pratiques, et qu'elles soient maintenues au ministère de l'Instruction publique, qui les a créées et les a rendues prospères.

A cette occasion, le Congrès appelle instamment l'attention

du Parlement sur les lourdes et dangereuses conséquences qui résultent pour l'enseignement primaire supérieur de l'article 69 de la loi de finances du 26 janvier 1892.

b. Que les écoles primaires supérieures soient établies en plus grand nombre dans les centres industriels et commerciaux ;

c. Que les cours complémentaires soient encouragés seulement dans les milieux qui ne peuvent alimenter une école primaire supérieure ;

d. Que le régime mixte créé par la loi de 1880 soit conservé dans les écoles où il existe encore.

IV. — Encouragements demandés en faveur de l'Ecole primaire supérieure :

Le Congrès émet le vœu :

a. Que le Parlement mette l'administration centrale de l'Instruction publique en état de subvenir plus largement aux besoins et à l'extension de l'école primaire supérieure et d'accommoder les diverses écoles aux exigences et convenances de la région.

b. Que les conseils généraux, en raison des services que les écoles primaires supérieures rendent, non seulement à la ville, mais à la région, interviennent en ce qui concerne l'entretien de ces écoles.

V. — Enseignement et programmes.

a. Les programmes de 1893 seront conservés ; pourtant, chaque école doit être libre de les restreindre ou de les amplifier en y introduisant, selon les besoins de la région, des notions de mécanique, de technologie spéciale, de zootechnie, de sylviculture, de chimie industrielle ou agricole ;

b). Le programme et l'horaire spéciaux à chaque établissement seront dressés par le directeur en conseil des professeurs, après avis du comité de patronage, et définitivement arrêtés par l'inspecteur d'académie ;

c). Les enseignements de première année seront communs à toutes les divisions de l'école, et les sections spéciales (agricole, commerciale, industrielle) ne seront établies qu'à partir de la seconde année d'études ;

d). Dans les écoles de filles, un enseignement ménager pratique, et commun à toutes les sections, sera organisé ;

e). Les écoles primaires supérieures doivent être abondamment pourvues de matériel scientifique et d'outillage pour le travail manuel et pratique;

f). Les exercices manuels et pratiques, toujours fondés sur des notions précises de géométrie et de dessin, ne seront pas uniformément empruntés à la menuiserie et à l'ajustage; mais, s'inspirant des industries locales, ils auront pour objet, suivant le cas, la serrurerie, la chaudronnerie, la fonderie, la coupe des pierres, le tissu, la porcelaine, etc.

g). Les écoles à section agricole disposeront toutes d'un champ de démonstration qui permette de vulgariser les procédés de culture intéressant le pays, et d'un atelier où les élèves de la section agricole recevront des notions de travail manuel spéciales à l'outillage agricole.

h. Il sera organisé plus particulièrement au profit des élèves de 3ᵉ année des visites régulières aux usines ou aux exploitations de la région;

i. L'institution des bourses de séjour à l'étranger, en faveur des maîtres et des élèves de l'enseignement primaire supérieur, est à encourager ou à développer; il convient d'attribuer de ces bourses aux écoles de jeunes filles.

VI. — Le certificat d'études primaires élémentaires dans ses rapports avec le recrutement de l'école primaire supérieure.

a. L'âge exigé des candidats au certificat d'études sera de douze ans au 1ᵉʳ octobre qui suit la session; — des dispenses de trois mois pourront être accordées;

b. Le certificat d'études deviendra la sanction des études complètes de l'enseignement élémentaire.

VII. — Le certificat d'études primaires supérieures.

a. Dans l'examen du certificat d'études primaires supérieures, des épreuves variables avec les sections pourront porter sur les matières d'enseignement particulières à chaque école;

b. Il y aura chaque année deux sessions d'examen et les candidats ajournés aux épreuves orales de la première conserveron à la seconde le bénéfice de leur admissibilité.

c. Des fonctionnaires des écoles primaires supérieures feront toujours partie de la commission d'examen, et cette commission ne pourra statuer sans prendre connaissance du livret scolaire de l'élève;

d. Il n'y aura qu'une seule épreuve de composition française à l'écrit de l'examen du certificat d'études primaires supérieures ;

e. Le nom de certificat sera changé en celui de « diplôme de fin d'études » ;

f. Des sanctions sérieuses seront accordées à la possession de ce diplôme.

g. Il sera permis aux candidats aux écoles des arts et métiers non pourvus de ce diplôme de se présenter conditionnellement au concours d'admission.

VIII. — Organisation de la surveillance dans les internats annexés aux écoles primaires supérieures.

Des emplois de maîtres surveillants, jouissant des mêmes avantages que les instituteurs, seront créés dans les Écoles primaires supérieures qui ont un internat ou un externat surveillé.

IX. — Comités de patronage, associations d'anciens élèves.

La constitution des comités de patronage et des associations d'anciens élèves, qui existent déjà auprès d'un grand nombre d'écoles primaires supérieures et qui s'intéressent au placement des élèves sortants, doit devenir une mesure générale pour toutes les écoles supérieures.

d. La séance plénière (matinée du samedi 4 août).

La question de l'enseignement primaire supérieur est discutée aussitôt après celle de l'éducation morale, et dans la même séance plénière.

M. Gréard invite M. Bonnaric, président de la 4ᵉ section, à prendre place à ses côtés.

M. Myard, secrétaire de la 4ᵉ section, remplit les fonctions de secrétaire du Congrès pour cette partie de la séance. — Il donne lecture des résolutions et vœux de la 4ᵉ section.

M. le Président remercie la 4ᵉ section du soin avec lequel elle s'est acquittée de sa tâche, mais remarque que beaucoup de ces vœux ont un caractère trop particulier et intéressent trop exclusivement la France pour pouvoir être soumis à l'examen d'un Congrès international.

M. Bonnaric explique que cela tient à ce que l'enseignement primaire supérieur, dans sa conception comme dans son organisation, est essentiellement une œuvre française. La 4° section a recueilli avec soin les témoignages que les étrangers ont bien voulu lui apporter, et ces témoignages l'ont confirmée dans cette opinion que l'enseignement primaire supérieur est plutôt, en France, dans « l'être », et, à l'étranger « dans le devenir ».

M. Van Meenen trouve fondée l'observation de M. Bonnaric. Mais les délégués étrangers s'intéresseront à la question justement parce qu'il leur semble qu'elle a été heureusement résolue en France. La solution française peut devenir une solution générale.

M. le chevalier Ohlsen demande que, dans la discussion, on remplace les mots : « enseignement industriel et commercial » par l'expression plus générale d' « enseignement professionnel ». — Il insiste pour que dans l'enseignement primaire supérieur on attache une grande importance à la pratique, et particulièrement à la pratique agricole. En Italie on fait beaucoup d'agriculture, depuis le ministre Bacelli, dans les écoles : on pourrait dire qu'à Rome le drapeau de l'agriculture flotte sur le ministère de l'Instruction publique. L'orateur recommande même l'étude de l'ornithologie.

M. Bonnaric répond que la 4° section s'est préoccupée de l'enseignement agricole. Mais ce qui importe avant tout, c'est d'assurer l'enseignement général.

Après cette discussion, M. le Président, d'accord avec M. Bonnaric, ne retient, pour les soumettre au Congrès, que les vœux d'un caractère général.

Ces vœux sont adoptés sans discussion. On en trouvera la liste plus loin.

Le débat terminé, M. Bonnaric tient à lire au Congrès la conclusion, à ses yeux très instructive, d'une note que miss Tolman Smith, déléguée des États-Unis, a remise à la 4° section sur l'enseignement primaire supérieur aux États-Unis : « Comme nous l'avons déjà indiqué, dit miss Smith, le peuple des États-Unis est opposé à toute spécialisation dans le système de l'enseignement public impliquant une distinction sociale absolue ou permanente entre les jeunes gens du pays. Ils reconnaissent qu'une telle distinction est hasardeuse pour une république. »

Cette déclaration est couverte d'applaudissements.

e. *Résolutions et vœux du Congrès.*

I. — Définition et caractère de l'enseignement primaire supérieur.

a. L'enseignement primaire supérieur aura pour objet :

1° D'assurer un complément d'éducation générale aux jeunes gens ayant terminé les études de l'école primaire élémentaire ;

2° De commencer leur éducation professionnelle, abrégeant par là l'apprentissage sans le supprimer complètement.

b. Il se distinguera de l'enseignement secondaire par son caractère pratique et par la prépondérance qu'il accordera aux applications sur la théorie pure dans les études scientifiques.

Il différera de l'enseignement donné dans les écoles professionnelles et techniques en ce que le développement des diverses facultés de l'adolescent restera sa grande préoccupation, et qu'il ne sacrifiera point la culture intellectuelle et morale à l'apprentissage professionnel.

II. — Transition entre l'école élémentaire et l'école supérieure.

En raison de l'impossibilité d'organiser partout, comme il serait d'ailleurs souhaitable, des cours supérieurs d'école élémentaire, il convient d'encourager la création, dans les écoles primaires, d'une année préparatoire.

III. — L'enseignement primaire supérieur et l'enseignement professionnel et technique.

L'école primaire supérieure étant éminemment propre, par le caractère à la fois pratique et éducatif de son enseignement, à former l'enfant du peuple, qui doit devenir un citoyen éclairé en même temps qu'un travailleur habile, le Congrès estime qu'il convient de parer au danger d'une spécialisation hâtive dans l'apprentissage du métier manuel, et d'établir des écoles primaires supérieures en plus grand nombre dans les centres industriels et commerciaux.

IV. — Enseignement et programmes.

a. Chaque école doit être libre de restreindre ou d'amplifier les programmes officiels en y introduisant, selon les besoins de la région, des notions de mécanique, de technologie spéciale, de zootechnie, de sylviculture, de chimie industrielle ou agricole.

b. Les enseignements de première année seront communs à toutes les divisions de l'école, et les sections spéciales (agricole, commerciale, industrielle) ne seront établies qu'à partir de la seconde année d'études;

c. Dans les écoles de filles, un enseignement ménager pratique et commun à toutes les sections, sera organisé.

d. Les écoles supérieures doivent être abondamment pourvues de matériel scientifique et d'outillage pour le travail manuel et pratique.

e. Les exercices manuels et pratiques, toujours fondés sur des notions précises de géométrie et de dessin, ne seront pas uniformément empruntés à la menuiserie et à l'ajustage; mais s'inspirant des industries locales, ils auront pour objet, suivant le cas, la serrurerie, la chaudronnerie, la fonderie, la coupe des pierres, le tissu, la porcelaine, etc.;

f. Les écoles à section agricole disposeront toutes d'un champ de démonstration qui permette de vulgariser les procédés de culture intéressant le pays et d'un atelier où les élèves de la section agricole recevront des notions de travail manuel spéciales à l'outillage agricole;

g. L'institution des bourses de séjour en faveur des maîtres et des élèves de l'enseignement primaire supérieur est à encourager ou à développer; il convient d'attribuer de ces bourses aux écoles de jeunes filles.

V. — Comités de patronage, associations d'anciens élèves.

La constitution des comités de patronage, et des associations d'anciens élèves, qui existent déjà auprès d'un grand nombre d'écoles primaires supérieures et qui s'intéressent au placement des élèves sortants, doit devenir une mesure générale pour toutes les écoles supérieures.

V. — Des institutions post-scolaires.

La question n'est pas nouvelle. Mais elle est toujours d'actualité. Au point que plusieurs Congrès s'en sont occupés cette année, sous une forme ou sous une autre.

Le comité d'organisation avait reçu sur les institutions post-scolaires 41 mémoires, dont 5 de pays étrangers. Il les avait remis à MM. Édouard Petit et Gilles, inspecteurs généraux de l'instruction publique, et à M. Cavé, vice-président de la Ligue de l'Enseignement et du Conseil supérieur de la mutualité. — M. Gilles a fait la partie du rapport préparatoire qui concerne les cours d'adolescents et d'adultes, M. Cavé celle qui a trait à la mutualité scolaire, M. Édouard Petit enfin celle qui se rapporte aux associations d'anciennes et anciens élèves et aux patronages. M. Édouard Petit a écrit, de plus, l'introduction et la conclusion du rapport préparatoire.

Le rapport constate que la question des institutions post-scolaires préoccupe aujourd'hui tous les pays civilisés. « Le sentiment de la solidarité humaine s'affirme et se manifeste dans les monarchies comme dans les républiques par des œuvres d'enseignement, par des œuvres sociales, où la foi, où le dévouement, où l'élan vers le bien donnent à la science un caractère d'irrésistible expansion.

« Le Congrès international de l'enseignement primaire fournira l'occasion aux délégués de l'Angleterre de nous mettre au courant des résultats qu'elle a obtenus par ses institutions polytechniques, par ses maisons universitaires, par son *University Extension*; aux délégués des États-Unis de nous entretenir des conférences, des lectures itinérantes; de l'Allemagne, des cours techniques, des cours de réparation ou facultatifs ou obligatoires; de l'Autriche-Hongrie, de ses écoles pour apprentis de commerce; de la Suisse, des cours obligatoires, des examens de recrues; de l'Italie, des cours du soir récemment renouvelés et fortifiés; de la Russie, des sociétés de lectures et de conférences méthodiques de ses écoles du dimanche. A défaut des documents et de rapports écrits, soit par des communications, soit par leur active intervention dans les débats, les représentants des nations étrangères initieront les congressistes français au mécanisme d'institutions dont quelques-unes peuvent être transplantées sur d'autres sols, se prêter à des adaptations convenant à de nouveaux milieux.

« Et la France apportera sa contribution à la tâche, car, elle aussi, n'est pas restée en arrière dans le mouvement actuel.

« Elle a repris, depuis 1894, la pensée des précurseurs, les hommes de la Convention, puis des Guizot, des Victor Duruy. Elle pourra mettre en regard des innovations que ses hôtes exposeront devant elle, ses trente-huit mille cours d'adultes appropriés aux ressources économiques de chaque région, ses sociétés d'instruction populaire, ses lectures, ses conférences, ses mille cinq cents mutualités scolaires, ses quatre mille huit cents associations d'anciennes et anciens élèves, ses mille patronages formés autour des écoles publiques. »

Le rapport fait ensuite l'analyse des 23 mémoires sur les cours d'adolescents et d'adultes, des 8 mémoires sur la mutualité scolaire, des 10 mémoires sur les associations d'anciennes et anciens élèves et les patronages. Il entre, à cette occasion, dans de nombreux détails, qui montrent de quelle ingéniosité, de quel dévouement éclairé, de quelle infatigable activité nos instituteurs et institutrices sont capables quand il s'agit d'assurer l'éducation et l'instruction de la jeunesse.

Le rapport conclut en dégageant de tous ces détails les questions d'importance internationale et en exprimant sous forme de vœux quelques idées générales.

b. *Les séances de la cinquième section.*

La cinquième section composa son bureau de la manière que voici :

Présidents : pour la séance du matin, M. Maurice Bouchor; — pour la séance de l'après-midi, M. Clairin.

Vice-présidents : M. Van den Dungen, directeur d'école à Saint-Gilles (Bruxelles), et M. Oudinot, inspecteur d'Académie à Auxerre ;

Secrétaire : M. Rotgès, inspecteur de l'enseignement primaire à Bordeaux.

La cinquième section n'a tenu que deux séances, mais l'une et l'autre fort animées : le jeudi 2 août dans la matinée, et dans l'après-midi.

Comme, après avoir adopté un assez grand nombre de résolutions et de vœux, la cinquième section donna mandat à son bureau de les condenser en quelques formules plus générales, et que seule cette seconde rédaction a été lue en séance plénière, nous ferons pour la cinquième section comme pour la quatrième : nous donnerons d'abord connaissance de tous les vœux de la section. Le compte rendu de la séance plénière en sera nécessairement plus court.

I. — COURS D'ADOLESCENTS ET D'ADULTES.

1º « Que, sans rien sacrifier de la culture générale nécessaire à la formation du caractère chez le citoyen de demain, les cours d'adolescents et d'adultes soient orientés dans un sens pratique, en tenant compte des milieux ». (Conclusion du rapport, légèrement modifiée.)

Nous retrouvons ici la même préoccupation que nous avons déjà signalée : on veut assurer partout l'éducation générale de la jeunesse et son éducation professionnelle. Celle-là sera la même partout ; celle-ci variera selon les régions, les localités, les milieux.

2º Qu'une large place soit faite dans les cours d'adolescents et d'adultes à l'histoire contemporaine et à l'instruction civique. » (Conclusion du rapport.)

C'est là une des nécessités du temps présent . Nombre d'inspecteurs d'académie ont déjà appelé sur ce point l'attention de leurs collaborateurs [1]. Il est à souhaiter que cet appel soit entendu.

3º « Qu'un appel soit adressé à toutes les personnes compé-

---

1. Notamment M. Périé, dans son beau livre *l'École du citoyen* (librairie Gédalge).

tentes, amies de l'école laïque, pour assurer les enseignements spéciaux, variant avec les nécessités économiques de chaque pays, afin d'alléger la tâche de l'instituteur, surtout dans les communes rurales. » (Conclusion du rapport, légèrement modifiée.)

Formule très heureuse : si l'enseignement général est plutôt l'affaire de l'instituteur, il semble que l'enseignement technique puisse être utilement donné par les médecins, ingénieurs, industriels, commerçants de la région.

4° « qu'un livret post-scolaire soit remis aux jeunes gens pour leur permettre de justifier de leur assiduité aux cours, depuis la sortie de l'école jusqu'au régiment ; et que des efforts soient tentés pour que l'armée, les administrations diverses, les chefs d'établissements commerciaux et industriels tiennent compte de ce livret. » (Conclusion du rapport, légèrement modifiée.)

Cette question est à l'étude depuis longtemps. Il semble qu'elle soit mûre. Rien n'empêche d'ailleurs les directeurs de cours d'adultes de délivrer dès maintenant des livrets post-scolaires : soyons assurés que les commerçants et industriels tiendront compte de ces livrets : ce sera leur intérêt.

5° « Que les bibliothèques scolaires, plus abondamment dotées, puissent échanger entre elles leurs volumes, après avis de l'autorité compétente. » (Conclusion du rapport.)

Si on ne lit pas assez dans nos campagnes, c'est en effet souvent parce que nous n'avons pas assez de livres ou que nous avons toujours les mêmes livres.

6° « Que les conférenciers populaires arrêtent, là où ils pourront se grouper et s'aider, un programme méthodique. » (Conclusion du rapport.)

Les sujets de conférences sont trop disparates. On passe de la littérature à l'hygiène, de la géographie à la morale. Ces questions si diverses, à peine effleurées, ne laissent que peu de traces dans l'esprit des auditeurs, qui trouvent dans ces réunions de la distraction plutôt que de l'instruction. Si le procédé pouvait paraître bon au début, il semble qu'aujourd'hui le moment soit venu d'entreprendre quelques chose de plus sérieux, en coordonnant les sujets. Quelques maîtres l'ont tenté et s'en sont bien trouvés. Rien n'empêche que les instituteurs se groupent à trois ou quatre ou cinq pour aller dans les autres communes du groupe répéter les conférences qu'ils auraient déjà faites dans leur propre commune : non seulement ce procédé (dont quelques-uns usent déjà) permettrait de multiplier les réunions publiques sans surcroît de travail pour les maîtres, mais on arriverait sans doute par là à mieux coordonner les sujets, un maître pouvant se charger d'une série de conférences ayant un lien commun et formant un ensemble assez complet.

7° « Qu'une indemnité prélevée sur les fonds communaux ou départementaux, à défaut sur les fonds de l'État, soit accordée aux instituteurs qui dirigent des cours d'adultes ». (Vœu dû à l'initiative de la section.)

A transmettre aux pouvoirs publics. L'indemnité est actuellement facultative. Elle deviendrait obligatoire.

II. — Mutualité scolaire.

1° « Que les éducateurs de tous les pays aident à la propagation des sociétés de secours mutuels et de retraites entre enfants, afin d'entretenir dans les écoles de toutes les nations le sentiment de la solidarité. » (Conclusion du rapport.)

Généreuse pensée, éloquemment exprimée.

2° « Que des mutualités départementales, puis des fédérations de mutualités scolaires, se constituent. » (Conclusion du rapport.)

L'organisation cantonale existe déjà. Y a-t-il lieu d'opérer des groupements plus larges ? question d'administration, qui exigerait une étude spéciale.

3° « Que toute facilité soit donnée aux mutualistes scolaires pour leur admission dans une autre société de secours mutuels, avec le maintien des avantages acquis dans la société initiale » (Conclusion du rapport.)

Cette question donnera lieu à un débat intéressant en séance plénière.

4° « Que les lycées et collèges puissent entrer dans la mutualité scolaire avec les écoles primaires. » (Conclusion du rapport, légèrement modifiée.)

Quelques lycées et collèges ont déjà pris cette initiative généreuse. Ils seront certainement suivis.

Sur la proposition de M. Édouard Petit, ce vœu fut immédiatement transmis au Congrès de l'enseignement secondaire, qui siégeait en même temps à la Sorbonne, dans une salle voisine.

5° « Que le Congrès, — considérant les services que rendent aux sociétés de mutualité scolaire les subventions qui leur sont accordées par un certain nombre de municipalités et de conseils généraux, tant de France que d'Algérie, et la haute recommandation que constitue auprès des populations le vote de ces subventions, — remercie les conseils municipaux et les conseils généraux des subventions déjà votées et exprime le vœu que l'exemple donné par ces assemblées soit suivi par toutes les autres. » (Vœu dû à l'initiative de la section.)

6° « Que les conseils généraux soient sollicités de prendre à leur charge les cotisations des enfants de l'assistance publique. » (Vœu dû à l'initiative de la section.)

Quelques assemblées départementales le font déjà.

7° « Que des instances très pressantes soient faites auprès du sous-secrétariat d'état des postes, télégraphes et téléphones afin que le bénéfice de la franchise postale soit accordé pour le service de la mutualité scolaire. » (Vœu dû à l'initiative de la section.)

III. — PATRONAGES ET ASSOCIATIONS D'ANCIENS ET ANCIENNES ÉLÈVES.

1° « Que les fêtes données par les associations, tout en demeurant récréatives, aient un caractère moral, nettement éducatif, en dehors de tout caractère politique ou religieux. » (Conclusion du rapport, légèrement modifiée.)

2° « Que des cours d'art, des cours d'apprentissage, soient institués par les associations et patronages, tant de jeunes filles (enseignement ménager) que d'adolescents (dessin, travail à l'atelier). » (Conclusion du rapport.)

Ces deux vœux marquent une fois de plus la double préoccupation de tous ceux qui s'intéressent aujourd'hui à l'œuvre scolaire et post-scolaire.

3° « Que les associations et patronages s'occupent du placement gratuit, de l'aide mutuelle, morale et pécuniaire. » (Conclusion du rapport.)

Beaucoup le font déjà. Les associations et patronages ne sauraient trouver plus noble tâche.

4° « Que les associations et patronages de garçons reçoivent, par une commune entente, les soldats désireux de lire et de s'instruire; que les patronages de jeunes filles offrent une fraternelle hospitalité aux ouvrières, aux domestiques placées loin de leur pays natal; — et que, pour rendre l'action de ces œuvres plus efficace, un appel soit adressé à des dames patronnesses et à des familles amies de l'école pour assister aux réunions et seconder ainsi l'action des instituteurs et institutrices. » (Conclusion du rapport, légèrement modifiée.)

Ce vœu est un heureux développement du précédent.

5° « Qu'un lien soit établi entre les associations et patronages, par quartiers, par villes, par circonscriptions rurales; que des unions départementales, régionales, se constituent. » (Conclusion du rapport.)

L'œuvre deviendra ainsi plus utile et plus intéressante.

6° « Que des rapports s'établissent entre les associations d'anciens élèves, les patronages, et les sociétés de tir, de gymnastique, d'instruction militaire, et de musique vocale et instrumentale. » (Conclusion du rapport, légèrement modifiée.)

Il est à désirer effectivement que toutes les œuvres postscolaires se connaissent et s'entr'aident.

7° « Que les sociétés chorales ou instrumentales dirigées par des instituteurs soient assimilées aux cours d'adultes et donnent lieu aux avantages officiels qui sont accordés aux directeurs desdits cours d'adultes. » (Vœu dû à l'initiative de la section.)

C'est peut-être beaucoup demander : la question est à examiner.

8° « Que des rapports s'établissent entre les comités des amicales et des patronages des écoles primaires et les comités des associations des lycées et collèges de jeunes filles et de garçons. » (Conclusion du rapport.)

Nous avons déjà vu la section émettre le même vœu en ce qui concerne la mutualité.

9° « Que les cercles d'instituteurs exercent leur influence en faveur de l'éducation populaire et impriment l'élan aux œuvres là où il n'existe pas de société d'instruction émanant de l'initiative privée. » (Conclusion du rapport.)

10° « Que, par le moyen de cercles ou unions de parents éducateurs, les familles soient associées à l'éducation sociale des adolescents. » (Conclusion du rapport.)

La collaboration des familles à l'œuvre post-scolaire est éminemment désirable.

11° « Que des notices explicatives accompagnent toutes les séries de vues envoyées par le musée pédagogique. » (Vœu dû à l'initiative de la section.)

Le Musée pédagogique le fait déjà.

IV. — Vœu général.

« Que, par l'entremise, soit de l'École internationale de l'Exposition, soit du jury international de l'enseignement, il y ait échange constant, entre les différentes nations, de documents intéressant l'éducation populaire sous toutes ses formes. » (Conclusion du rapport.)

Ce vœu donnera lieu, en séance plénière, à un débat fort intéressant.

La cinquième section, ayant terminé ses travaux, autorisa son bureau, auquel elle adjoignit pour la circonstance M. Bizeray, inspecteur de l'enseignement primaire à la Flèche, à grouper autant que possible les vœux émis, afin de les présenter moins nombreux au Congrès et sous une forme plus concise. — Voici cette seconde rédaction :

c. Résolutions et vœux de la cinquième section (seconde rédaction.)

La cinquième section émet le vœu :

I. — Cours d'adolescents et d'adultes.

1° Que l'enseignement donné aux adultes se divise en cours et en conférences; — les cours, orientés dans un sens pratique, en tenant compte des milieux, devront, au point de vue général, s'occuper surtout d'histoire contemporaine et d'enseignement civique; — l'ensemble des conférences devra, autant que possible, présenter un caractère méthodique; — pour les uns et pour les autres un appel sera fait aux personnes compétentes, amies de l'école laïque;

2° Qu'un livret post-scolaire soit remis aux jeunes gens pour leur permettre de justifier de leur assiduité aux cours, depuis la sortie de l'école jusqu'au régiment; et que des efforts soient tentés pour que l'armée, les administrations diverses, les commerçants, les industriels tiennent compte de ce livret;

3° Que les bibliothèques scolaires, plus abondamment dotées, puissent échanger entre elles leurs volumes, après avis de l'autorité compétente;

4° Que des notices explicatives accompagnent toutes les séries de vues envoyées par le Musée pédagogique.

II. — MUTUALITÉ SCOLAIRE.

1° Que les éducateurs de tous les pays s'appliquent à propager les sociétés de mutualité scolaire, afin de développer les sentiments de solidarité entre les enfants des établissements d'instruction de toute catégorie, et conséquemment que les lycées et collèges, les écoles primaires et primaires supérieures fassent partie des mêmes mutualités;

2° Que des mutualités départementales, puis des fédérations de mutualités scolaires se constituent;

3° Que toute facilité soit donnée aux mutualistes scolaires pour leur admission dans une autre société de secours mutuels, avec le maintien des avantages acquis dans la société initiale.

III. — ASSOCIATIONS ET PATRONAGES.

1° Que les associations et patronages se donnent pour but :

a. l'aide mutuelle, morale et matérielle, comme par exemple les placements gratuits et les secours;

b. L'institution de cours d'arts (musique et dessin) et de cours d'apprentissage (ménagers pour les filles, professionnels pour les garçons);

c. L'organisation de fêtes ayant un caractère moral nettement éducatif, et en dehors de toute idée politique ou religieuse;

2° Partant de ce principe que « l'union fait la force », la section émet le vœu :

a. Que des rapports s'établissent entre les associations d'anciens élèves, les patronages, les sociétés de tir, de gymnastique, d'instruction militaire et de musique vocale et instrumentale, ainsi qu'entre les comités des associations amicales et des patronages d'écoles primaires et primaires supérieures et les comités des associations des lycées et collèges de jeunes filles et de jeunes gens;

b. Que des unions départementales et régionales se constituent;

3° Que les associations et les patronages de garçons reçoivent, par une commune entente, les soldats désireux de lire et de s'instruire; que les patronages de jeunes filles offrent une fraternelle hospitalité aux ouvrières, aux domestiques placées loin du pays natal; — et que, pour rendre l'action de ces œuvres plus efficace, un appel soit adressé à des dames patronnesses et à des familles amies de l'école pour assister aux réunions et seconder ainsi l'action des instituteurs et des institutrices;

4° Que les sociétés chorales ou instrumentales dirigées par des instituteurs soient assimilées aux cours d'adultes et donnent lieu aux avantages officiels qui sont accordés aux directeurs desdits cours d'adultes;

IV. — Vœu général.

Que, par l'entremise, soit de l'école internationale de l'Exposition, soit du jury international de l'Enseignement, il y ait un échange constant entre les différentes nations de documents intéressant l'éducation populaire sous toutes ses formes.

d. *La séance plénière (matinée du samedi 4 août).*

La question des institutions post-scolaires est discutée aussitôt après celle de l'enseignement primaire supérieur, et dans la même séance plénière.

M. Gréard invite M. Clairin, président de la cinquième section, à prendre place à ses côtés.

M. Rotgès, secrétaire de la cinquième section, remplit les fonctions de secrétaire du Congrès pour cette partie de la séance. — M. Bizeray donne lecture des résolutions et vœux de la cinquième section (seconde rédaction).

7

I. — Cours d'adolescents et d'adultes.

Vœu n° 1 : adopté sans observation.

Vœu n° 2 : M. Roton, inspecteur de l'enseignement primaire à Arras, craint que le livret scolaire ne complique les écritures des instituteurs.

Adopté sans autre observation.

M. Léon Bourgeois, député, ancien président du Conseil, fait alors son entrée dans le grand amphithéâtre. La salle entière se lève et salue l'ancien ministre de l'Instruction publique de très nombreux applaudissements. — M. Bourgeois prend place à la droite du Président.

Vœu n° 3 : adopté sans observation.

Le vœu n° 4 n'est pas mis en délibération comme ayant un caractère trop spécial.

II. — Mutualité scolaire.

Vœu n° 1 : M. Édouard Petit fait remarquer que ce vœu s'adresse aux représentants de tous les pays. Nous avons voulu, en France, faire fleurir dans l'âme de l'enfant, par la mutualité scolaire, le sentiment de la solidarité : c'est une entreprise généreuse que les nations étrangères auront certainement à cœur de tenter à notre exemple. Les Belges nous ont déjà emprunté la mutualité scolaire : nous souhaitons que les Allemands, les Italiens, et tous nos voisins connaissent l'œuvre de M. Cavé : la connaissant, ils l'adopteront. Quant à la participation des lycées et collèges à la mutualité, elle est déjà acquise dans 10 lycées de jeunes filles et 15 lycées de garçons. Il faut que bientôt tombent les barrières qui séparent encore l'enseignement secondaire de l'enseignement primaire. Il faut que les collégiens deviennent les patrons des écoliers, les membres honoraires de la mutualité. Ils apprendront ainsi qu'il y a autour d'eux des enfants deshérités, vers lesquels ils doivent se pencher fraternellement. Ils apprendront aussi qu'il y a une caisse nationale des retraites, et ils en connaîtront le mécanisme par le livret qu'on mettra entre leurs mains. Voilà pourquoi la cinquième section a cru devoir porter immédiatement son vœu à la connaissance du Congrès de l'Enseignement secondaire, qui lui a réservé le meilleur accueil.

M. Emond, directeur de l'enseignement primaire en Belgique, tient à reconnaître que la mutualité scolaire est une œuvre française, et à remercier la France de sa généreuse initiative. Le Congrès apprendra avec satisfaction qu'en Belgique, où la mutualité n'existe que depuis un an, 41 000 enfants y sont déjà affiliés.

M. le chevalier Ohlsen promet de faire tous ses efforts pour propager la mutualité scolaire en Italie.

Le vœu n° 1 est adopté.

Vœu n° 2 : adopté sans observation.

Vœu n° 3 : M. Richardot, instituteur à la Courneuve, explique que les sociétés de secours mutuels sont autonomes, indépendantes les unes des autres; chacune d'elles a son propre statut. Il est impossible, dans ces conditions, qu'un mutualiste qui quitte l'une de ces sociétés soit admis dans une autre en conservant les droits qu'un séjour plus ou moins prolongé lui avait valus dans la première : il ne sera admis dans la seconde qu'à titre de stagiaire. Le passage d'une société de secours mutuels dans une autre n'est pas possible. M. Richardot demande en conséquence que les sociétés de secours mutuels acceptent la « mise en subsistance » : au mutualiste qui changera de résidence, la seconde société servira de « nourrice » : elle lui permettra de conserver ses relations avec la société-mère sans perdre aucun de ses droits. M. Richardot dépose un amendement en ce sens, en demandant le rejet du vœu, irréalisable selon lui.

M. Clairin expose qu'il n'y a pas contradiction entre la proposition de la commission et l'amendement Richardot. La rédaction proposée par la commission est très générale et contient implicitement l'amendement Richardot.

M. Bizeray se rallie à l'amendement Richardot. Il recommande toutefois l'adoption du livret mutualiste.

M. Richardot maintient que son amendement est en opposition absolue avec la proposition de la commission.

Ce n'est pas l'avis de M. le Président, et le Congrès met tout le monde d'accord en adoptant successivement la proposition de la commission et l'amendement Richardot.

III. — ASSOCIATIONS ET PATRONAGES.

Les vœux 1° *a*, *b*, *c*, sont adoptés sans discussion.

Les autres vœux relatifs aux associations et patronages ne sont pas mis en délibération.

IV. — VŒU GÉNÉRAL.

Ce vœu donne lieu à un débat intéressant.

M. Bayet explique que ce vœu a déjà reçu une satisfaction partielle. Le jury international des récompenses de la classe I, heureux de constater l'accord constant d'idées et de sentiments qui n'avait cessé de régner entre ses membres, a décidé, dans sa dernière séance, et sur la proposition de son président, M. Léon Bourgeois, de se constituer en un Bureau international de l'enseignement primaire, afin que l'union des bonnes volontés survécût à l'œuvre éphémère de l'Exposition. M. Léon Bourgeois a accepté la présidence du Bureau international : c'est assez dire que ce Bureau sera une institution vivante et durable. Le Congrès a eu la même pensée que le jury : cela prouve que l'idée est bonne et qu'elle fera son chemin.

M. Emond, directeur de l'Enseignement primaire en Belgique, s'associe de tout cœur au vœu généreux qui vient d'être émis. Il fait seulement remarquer que toutes les nations, et la belge en particulier, ne sont pas représentées dans le jury international de la classe I. Il serait heureux cependant que la Belgique fît partie du Bureau international.

M. Léon Bourgeois tient à rassurer M. le directeur de l'enseignement primaire en Belgique. Le jury international n'a fait que prendre une initiative; il lui a semblé qu'il avait qualité pour la prendre et que l'occasion était favorable. Mais le Bureau international sera nécessairement ouvert à toutes les nations, et nous y accepterons avec empressement tous les concours. Ce qui nous a frappé, c'est qu'il y a, en ce moment, dans tout le monde civilisé, un admirable effort commun, dont l'école est le point de départ, vers la concorde et la fraternité. Il apparaît clairement à tous que l'école, l'humble école primaire, est le fondement de la paix publique, de la paix universelle. C'est la petite maison où se forment les citoyens de la grande maison. Il faut que, dans le monde entier, tous les amis de la justice, de la vérité, de la liberté s'unissent autour de l'école et fassent triompher, par elle, la cause de l'humanité. Et puisque c'est assurément la pensée de tous les membres du Congrès, il vaut mieux, dans l'intérêt commun, que le Congrès, se substituant au jury des récompenses, se constitue lui-même en Bureau international de l'enseignement primaire.

Cette proposition est adoptée par acclamation.

M. le Président constate avec satisfaction cette unanimité. Le principe du Bureau international est acquis. Il restera à chercher les voies et moyens.

M. le chevalier Ohlsen espère que l'œuvre nouvelle permettra, dans tous les pays civilisés, d'élever très haut l'école et l'instituteur dans l'estime publique.

La séance est levée à midi, au milieu d'un grand enthousiasme.

e. *Résolutions et vœux du Congrès.*

Le Congrès émet le vœu :

1. — COURS D'ADOLESCENTS ET D'ADULTES.

1° Que l'enseignement donné aux adultes se divise en cours et en conférences ; les cours, orientés dans un sens pratique, en tenant compte des milieux, devront, au point de vue général, s'occuper surtout d'histoire contemporaine et d'enseignement civique ; l'ensemble des conférences devra, autant que possible, présenter un caractère méthodique ; pour les uns et pour les autres, un appel sera fait aux personnes compétentes, amies de l'école laïque ;

2° Qu'un livret scolaire soit remis aux jeunes gens pour leur permettre de justifier de leur assiduité aux cours, depuis la sortie de l'école jusqu'au régiment ; et que des efforts soient tentés pour que l'armée, les administrations diverses, les commerçants, les industriels, tiennent compte de ce livret ;

3° Que les bibliothèques scolaires, plus abondamment dotées, puissent échanger entre elles leurs volumes, après avis de l'autorité compétente.

II. — MUTUALITÉ SCOLAIRE.

1° Que les éducateurs de tous les pays s'appliquent à propager les sociétés de mutualité scolaire, afin de développer les sentiments de solidarité entre les enfants des établissements d'instruction de toute catégorie, et conséquemment que les lycées et collèges, les écoles primaires et primaires supérieures fassent partie des mêmes mutualités;

2° Que des mutualités départementales, puis des fédérations de mutualités scolaires se constituent;

3° Que toute facilité soit donnée aux mutualistes scolaires pour leur admission dans une autre société de secours mutuels, avec le maintien des avantages acquis dans la société initiale; que les sociétés scolaires de secours mutuels acceptent tout au moins le principe de la mise en subsistance des mutualistes obligés à changer de résidence, afin de leur garantir les droits à la retraite déjà acquis dans la société dont ils s'éloignent.

III. — ASSOCIATIONS ET PATRONAGES.

Que les associations et patronages se donnent pour but :

a. L'aide mutuelle, morale et matérielle, comme par exemple les placements gratuits et les secours;

b. L'institution de cours d'art (musique et dessin) et de cours d'apprentissage (ménagers pour les filles, professionnels pour les garçons);

c. L'organisation de fêtes ayant un caractère moral nettement éducatif, et en dehors de toute idée politique ou religieuse;

IV. — VŒU GÉNÉRAL.

Que le bureau du Congrès se constitue en Bureau international d'enseignement primaire et d'éducation populaire, et que, par son entremise, il y ait échange constant entre les différentes nations de documents intéressant l'éducation populaire sous toutes ses formes.

IV. — Séance de clôture.

(Après-midi du samedi 4 août.)

La séance est ouverte à trois heures et demie, sous la présidence de M. Leygues, Ministre de l'Instruction publique et des Beaux-Arts.

A la droite de M. le Ministre prennent place : M. Gréard, vice-recteur de l'Académie de Paris, Président du Congrès et MM. les délégués des gouvernements étrangers. — A sa gauche : M. Bayet, directeur de l'enseignement primaire; M. Rabier, directeur de l'enseignement secondaire; M. Dejean, chef du cabinet du ministre; M. Jost, inspecteur général de l'instruction publique, secrétaire général du Congrès; et les principaux organisateurs du Congrès.

M. Gréard remercie M. le Ministre du témoignage d'intérêt et de sympathie qu'il veut bien donner au Congrès en venant présider la séance de clôture. Il montre à M. le Ministre l'importance des questions qui étaient posées au Congrès. Il lui dit comment ces questions ont été étudiées dans de nombreux mémoires, comment ces mémoires ont été eux-mêmes résumés en quelques substantiels rapports, comment ces rapports enfin ont été soumis à la discussion des cinq commissions du Congrès. Il résume en quelques mots les séances des commissions, et, arrivant aux séances plénières, explique les travaux mêmes du Congrès. M. Gréard se félicite en dernier lieu du précieux concours de MM. les délégués étrangers, qui ont apporté au Congrès, avec le plus grand empressement, les éléments d'appréciation les plus intéressants. Le Congrès laissera à tous ceux qui y ont pris part beaucoup de souvenirs utiles autant qu'agréables. Il permettra des études nouvelles; il sera le point de départ d'un nouveau mouvement des esprits. Il profitera à l'enseignement primaire de tous les pays civilisés.

L'Assemblée applaudit chaleureusement l'éminent recteur,

voulant ainsi lui témoigner toute sa reconnaissance pour la haute impartialité, pour la fermeté mêlée de souplesse, pour le dévouement avec lesquels il a présidé aux travaux du Congrès.

M. le Ministre, se levant à son tour, dit qu'il a tenu à apporter au Congrès le salut du Gouvernement de la République. Il rappelle de quelle sollicitude le gouvernement républicain a toujours entouré l'école publique. Il assure les instituteurs français de toute sa sympathie. Il remercie les instituteurs et délégués étrangers d'être venus s'abriter sous notre drapeau. Il explique le sens et la portée du Congrès international, qui laissera à tous les gouvernements et à toutes les nations des sujets de méditation et de réflexion. M. le Ministre est heureux de constater que le Congrès a délibéré en pleine indépendance, avec une parfaite loyauté. Le Congrès a fait le meilleur usage de la liberté de discussion qu'on lui a donnée en toute confiance.

M. le Ministre montre comment la tâche de l'instituteur est devenue plus lourde, plus délicate, et, du même coup, plus noble. Il ne s'agit plus seulement d'enseigner un peu d'arithmétique, de géographie et de grammaire; il nous faut bien élever les enfants qui nous sont confiés; il nous faut former des caractères droits et des esprits libres, des hommes qui soient dignes du temps où ils vivent.

La vie se complique chaque jour davantage; des devoirs nouveaux s'imposent à nous à mesure que le temps marche : ne cachons à nos enfants aucune des difficultés de demain; mettons-les franchement en face de leurs obligations et donnons-leur la force de les bien remplir.

De l'école dépend l'avenir de la société. Et c'est pour améliorer l'école que le Congrès s'est réuni, a délibéré, a travaillé. Ses travaux resteront. Ils serviront aux pédagogues pour perfectionner les méthodes, aux gouvernements pour mieux assurer le service général de l'éducation.

Des réunions comme celle-ci sont nécessaires. Elles sont bonnes. Elles facilitent l'entente des esprits. Elles provoquent chez tous les plus nobles sentiments. Le vœu qui s'échappe aujourd'hui de tous les cœurs est un vœu de fraternité humaine, de paix universelle. Ce que nous voulons tous, c'est pour nos patries respectives plus de prospérité, de justice, de liberté; c'est pour toutes les patries plus d'union et de solidarité.

Les instituteurs et les institutrices sont, dans cette tâche, les plus sûrs collaborateurs du Gouvernement de la République. C'est pourquoi M. le Ministre est heureux d'assurer à nouveau le Congrès de toute sa sollicitude.

Le discours de M. le Ministre fut, dès le début, et à de nombreuses reprises dans la suite, coupé par les applaudissements de toute l'Assemblée. Au moment où M. le Ministre se retire, la salle entière se lève et acclame le représentant du Gouvernement de la République.

V. — Le Banquet.

La Commission des fêtes avait réservé aux membres du Congrès quelques « attractions » et « distractions ». C'est ainsi que le jeudi 2 août, une lecture populaire, organisée par l'Association philotechnique, sous la direction de M. Maurice Bouchor, le « poète-citoyen », eut lieu à l'école de la rue d'Alésia ; — le dimanche 5 août, une matinée littéraire fut donnée à la mairie du IXe arrondissement par M. Ricquier, professeur de diction à l'école normale d'instituteurs de la Seine ; — le lundi 6 août, dans la matinée, une conférence-visite à la section de l'éducation anglaise et américaine fut organisée par les soins de M. le secrétaire général de l'École internationale de l'Exposition ; — et dans l'après-midi, les membres du Congrès furent reçus à l'Hôtel de Ville par le bureau du conseil municipal[1] ; — le mardi 7 août, une promenade fut faite à Versailles ; — enfin, près de 700 billets de théâtre furent distribués pendant la durée du Congrès.

Nous savons que les congressistes ont été enchantés de toutes ces matinées, soirées, visites, promenades et réceptions. Mais il faudrait un autre article pour en rendre compte. Nous ne parlerons ici que du banquet qui eut lieu le samedi 4 août dans le restaurant des Nations, au Vieux Paris : ce banquet fut comme le couronnement du Congrès ; couronnement merveilleux par le nombre et l'importance des toasts qui furent prononcés.

545 convives participèrent au banquet. M. le Ministre de l'Instruction publique devait le présider : mais le deuil officiel que le Gouvernement avait pris à l'occasion de la mort du roi

---

1. Le compte rendu de cette réception, avec le texte des allocutions prononcées par MM. Gréard, président du Congrès; Grébauval, président du conseil municipal, et de Selves, préfet de la Seine, a paru dans le *Bulletin municipal officiel*, numéro du 10 août 1900.

d'Italie ne lui permit pas de venir. M. Gréard s'excusa. Ce fut M. Bayet qui présida, ayant à sa droite miss Tolman Smith et à sa gauche Mme Kergomard. Les délégués des gouvernements étrangers et les principaux organisateurs du Congrès prirent place à la table d'honneur.

Au dessert, dix-huit toasts furent prononcés, qui durèrent une heure et demie.

M. Bayet explique l'absence de M. le Ministre et de M. le Recteur. Il porte la santé de M. le Président de la République, qui a toujours témoigné sa bienveillance aux instituteurs. Il remercie les représentants des nations qui ont assisté au Congrès : ce ne sont plus des étrangers, ce sont déjà des amis. Honneur à nos parents du dehors! Ils forment avec nous une même famille morale. Buvons aux écoles de tous les pays, qu'elles soient riches ou pauvres, humbles ou fortes : c'est là que se fait l'éducation nationale, c'est là que se trempe l'âme de la patrie. Buvons aux instituteurs de tous les États : ils ont au cœur la même flamme, ils se donnent partout avec le même dévouement. Buvons enfin aux enfants de toutes les écoles : vers eux nous nous penchons partout anxieusement pour savoir s'ils deviendront des hommes de progrès, avides de vérité, de justice, de liberté. Souhaitons que dans le monde entier ces enfants prennent conscience de leurs devoirs de citoyens et d'hommes. Si nous voulons que les écoles soient des foyers de patriotisme, nous voulons en même temps qu'elles soient des foyers d'humanité. Un jour viendra peut-être où toutes les haines se dissiperont, où toutes les patries, respectées, communieront dans un même sentiment de fraternité!

M. de Kowalevsky, membre du Comité scientifique du ministère de l'Instruction publique à Saint-Pétersbourg, délégué de la Russie, remercie M. Bayet, et rend grâce à la France, qui est si bonne aux étrangers. Il boit à l'école primaire française, qui est, dans la poursuite du progrès, la première. Nous sommes venus ici pour l'étudier : nous l'avons tous admirée. Merci aux organisateurs du Congrès; vivent l'école française et les instituteurs de France!

M. Van Meenen, bourgmestre de Saint-Gilles-lez-Bruxelles, conseiller provincial du Brabant, remercie au nom des amis et des parents du dehors. Il retrouve en France en 1900 la même hospitalité, le même accueil fraternel et cordial qui l'avaient déjà touché en 1889. Et il est bon qu'il en soit ainsi : car nous sommes tous soldats d'une même cause, défenseurs d'une même idée. Dans toutes les écoles existent les mêmes sentiments, les mêmes aspirations. En Belgique plus particulièrement, où nous sommes plusieurs millions à parler français, nous avons les yeux constamment fixés sur la France. Nous sommes heureux des récentes réformes orthographiques : elles nous permettront d'étendre le domaine de la langue française et de répandre les idées françaises.

M. Compayré, recteur de l'Académie de Lyon, salue ceux des amis du dehors qui viennent de loin, et en particulier les représentants des États-Unis. Étant, il y a sept ans, à l'Exposition de Chicago, où il représentait la pédagogie française, il avait donné rendez-vous aux Américains à l'Exposition de 1900. Ils y sont venus, et leur exposition particulière est admirable. Ils sont venus avec l'un des maîtres de la pédagogie américaine, avec le chef même du Bureau d'Éducation de Washington, l'honorable M. Harris, qui est aux États-Unis comme le ministre de l'Instruction publique. M. Compayré prend M. Harris à témoin des progrès réalisés dans l'enseignement primaire français. Nous avons fait l'école non seulement obligatoire et gratuite, mais encore laïque. Nous nous efforçons d'améliorer la fréquentation scolaire; nous développons l'enseignement primaire supérieur. C'est que nous croyons à la vertu et à l'efficacité de l'instruction : elle seule est capable d'affranchir les intelligences et de moraliser les âmes. Le président de la République des États-Unis disait récemment qu'avec ses quinze millions d'enfants inscrits dans les écoles et ses quatre cent mille instituteurs et institutrices, l'Amérique avait une colonne de force sur quoi elle pouvait appuyer et élever sa démocratie. De même, en France, notre école primaire laïque, avec ses cinq millions d'enfants, avec ses cent cinquante mille instituteurs et institutrices, est la vraie colonne de la République.

M. Harris, chef du Bureau d'éducation à Washington, remercie M. Compayré, dont le nom est, avec celui de M. Buisson, si connu et respecté en Amérique. Il se félicite d'être venu au Congrès. Il est heureux d'avoir assisté aux efforts que fait la France pour élever ses enfants dans les idées de liberté, d'égalité, de fraternité. Il se réjouit des résultats obtenus.

M. Emond, directeur de l'enseignement primaire en Belgique, dit que, parmi les amis du dehors, les Belges sont les plus voisins. Il est heureux d'avoir représenté la Belgique à ce Congrès, où se sont rencontrés tant d'hommes de bonne volonté. Aujourd'hui se prépare une ligue formidable contre l'ignorance. C'est à Paris que se fonde cette ligue; c'est la France qui donne, une fois encore, le signal de la croisade. Honneur à elle ! Honneur à sa vaillance ! Marchons avec elle. N'ayons ni repos ni trêve que nous n'ayons forcé le monstre hideux de l'ignorance et du vice à exhaler son dernier souffle au seuil de l'école triomphante !

M. Guex, directeur des écoles normales de Lausanne, délégué de la Suisse, dit qu'au delà du Jura, la France est l'objet de l'admiration générale. Ses pédagogues y sont connus et écoutés. Les instituteurs de l'Helvétie sont de cœur avec la France dans la lutte qu'elle soutient contre toutes les réactions. Ils font des vœux pour le succès de l'école publique, qui est vraiment en France l'école nationale. M. Guex boit à l'union de la République helvétique et de la République française.

M. Schœnemann, instituteur à Augsbourg, remercie pour le bon accueil qu'il a rencontré au Congrès.

M. van den Dungen, directeur d'école à Saint-Gilles (Bruxelles), remercie les instituteurs et institutrices de France au nom de leurs « frères » et « sœurs » d'Espagne, de Suède, de Hollande, de Bavière et de Belgique. Il offre leurs hommages à l'Université de France. Il admire l'organisation scolaire de la France, dont il suit le développement depuis vingt-deux ans. Il trouve surtout que le service de l'inspection (générale, académique et primaire) est remarquablement organisé. Il assure les confrères de France de sa plus vive sympathie.

M. Brereton, vice-président du jury de la classe I, délégué de l'Angleterre, a été émerveillé de l'exposition scolaire française. Il admire surtout à quel point l'école française se préoccupe de l'éducation nationale. Il fait un grand éloge de l'instituteur français. Il boit à MM. Gréard, Buisson, Bayet, qui ont mis en si bonne voie les écoles de France.

M. le chevalier Ohlsen, de Rome, est très ému des toasts qu'il vient d'entendre, et très touché de l'amitié qu'on témoigne en France aux étrangers. Mais la réciproque est vraie, et les étrangers, les Italiens en particulier, ont beaucoup d'estime et d'affection pour la France. C'est de grand cœur que M. le chevalier Ohlsen crie : « Vive la France ! Vive la République française ! »

M. Sarda, directeur de l'école normale centrale d'instituteurs de Madrid, membre du Conseil supérieur de l'Instruction publique en Espagne, rend hommage à la France, qui porte, à l'avant-garde des nations, le drapeau de la fraternité. Il rend hommage à la pédagogie française, qu'un souffle libéral anime ; à nos livres de liberté et de progrès ; à nos écoles, où l'on enseigne que la loi prime la force. Il souhaite pour la France toute la grandeur qu'elle mérite.

M. Dunn, inspecteur primaire à Édimbourg, délégué de l'Angleterre, rappelle les liens de vive sympathie qui unissent l'Écosse à la France. Il est heureux d'avoir assisté au Congrès. Il a noté surtout avec satisfaction la méthode et la sagesse qui ont présidé aux délibérations. Il fait l'éloge de l'esprit français.

M. Bayet porte la santé des dames, ornement de cette fête ; il les remercie de leur collaboration. Il remercie également les organisateurs du Congrès, M. Gréard, M. Jost, « qui, lorsqu'il s'agit de rendre service, a toujours vingt ans », M. Comte « à qui les congressistes doivent de ne pas avoir couché sous les ponts », M. Jarach « qui a si joliment aménagé ce banquet merveilleux », MM. les sténographes, et tous ceux qui, de près ou de loin, ont contribué au succès du Congrès.

Mme Kergomard remercie au nom des dames et souhaite spirituellement que les hommes soient pour leurs collaboratrices aussi justes qu'aimables et charmants.

M. Labbiani, instituteur tunisien (qui porte très élégamment le costume national), dit combien la Tunisie est attachée à la France, combien les idées françaises font du chemin en Tunisie. Les Tunisiens sont français de cœur.

M. Bayet rappelle l'aimable accueil que les instituteurs de Tunisie ont fait, à Pâques, aux instituteurs de France. Il fait l'éloge de M. Machuel, directeur de l'enseignement à Tunis, qui a fondé là-bas l'enseignement public.

Enfin un instituteur de la Guadeloupe dit que la France est profondément aimée dans les Antilles et qu'à dix-huit cent lieues au delà des mers battent de vrais cœurs français.

*
* *

Nous n'avons donné que le squelette de ces dix-huit toasts. Il ne nous a pas été possible de les reproduire en leur teneur. Et il nous serait surtout impossible de rendre l'accent avec lequel ils ont été dits. Aucun d'eux ne fut prononcé du bout des lèvres : toute cette éloquence partait du cœur.

Nous nous attendions, certes, à quelques paroles de courtoisie. Mais nous ne nous attendions pas à une pareille explosion d'enthousiasme. Nous ne nous attendions pas à une pareille manifestation. Nous fûmes profondément émus. L'école publique, l'école laïque est souvent chez nous l'objet de violentes attaques. Nous éprouvâmes une juste fierté à entendre les étrangers déposer, les uns après les autres, en faveur de l'école française ; ils vinrent tous, et ceux de Belgique, et ceux d'Italie, et ceux d'Angleterre, et ceux d'Amérique, témoigner de leur admiration pour l'œuvre française de l'éducation populaire, de leur estime pour notre organisation scolaire, de leur affection pour nos instituteurs et institutrices. Nous fûmes remués jusqu'au fond de l'âme. Nous répondîmes à toutes ces nobles paroles par de longues acclamations. Notre joie était intense. Le dernier toast prononcé, la salle se leva d'un mouvement unanime, et tous, debout, nous chantâmes la *Marseillaise*.

C'est aux accents de l'hymne national des Français que se termina ce banquet mémorable, vers le milieu de la nuit du 4 août. On ne pouvait rêver pour le Congrès une plus belle fin.

VI. — Conclusion.

Telle est, en résumé, l'histoire du Congrès international de l'enseignement primaire. Le Congrès, on le voit, n'aura pas été inutile : 2018 adhésions, 215 mémoires sur les cinq questions posées, 9 rapports préparatoires, 13 séances de sections, 4 séances plénières (y compris les 2 séances d'ouverture et de clôture), plus de 50 résolutions et vœux définitivement adoptés, voilà pour la statistique : elle est suffisamment éloquente.

Les délibérations ont généralement abouti à des conclusions dont nous nous sommes plu à marquer l'opportunité ou la sagesse. Si nous nous sommes permis de faire quelques réserves au sujet de deux ou trois votes, nous devons dire que ces votes mêmes sont un effet de l'ardeur avec laquelle nos instituteurs défendent la cause qui leur est confiée. Ils aiment l'école publique, l'école laïque, leur école, avec une passion qui va parfois jusqu'à la jalousie : volontiers, pour la protéger, ils n'auraient confiance qu'en eux seuls.

Mais qu'ils se rassurent : il y a vingt ans seulement que, faisant une véritable révolution scolaire, nous avons fondé l'école gratuite, obligatoire et laïque : et déjà nous y sommes habitués au point qu'elle fait maintenant partie intégrante de notre patrimoine, au même titre que les conquêtes de la Révolution ; et il ne serait plus au pouvoir de personne de nous la prendre.

Et ne voit-on pas déjà qu'au delà des frontières françaises l'école primaire publique, telle que nous l'imaginons, telle que nous la maintenons, est l'objet de l'attention générale ? Car telle est la force de la vérité ! Notre conception de l'école entrera un jour dans tous les esprits, parce que c'est la conception vraie. Nous ne savons si ce temps est proche, mais le temps viendra, n'en doutons pas, où — nous aimons à le redire — l'école publique française, école de neutralité, de tolérance, de paix et de justice, sera l'école universelle.

Les principes sur lesquels elle repose étant acquis, hors de discussion, il ne s'agit plus que d'améliorer le fonctionnement de l'école publique. Faisons surtout de la pédagogie. C'est ce qu'a fait le Congrès international de 1900.

Le Congrès de 1900 aura donné un bon exemple : il a traité toutes les questions qui lui étaient soumises avec un soin minutieux, qui n'exclut pas les vues d'ensemble. En ce qui concerne l'éducation morale, il a reconnu que la discipline libérale était, à l'école primaire comme ailleurs, seule efficace. En ce qui concerne l'éducation ménagère et l'enseignement primaire supérieur, il a nettement orienté l'enseignement public vers les applications pratiques. La fréquentation scolaire sera, grâce à lui, mieux assurée, et les institutions post-scolaires continueront de se développer dans le sens de la solidarité et de la fraternité.

Le Congrès de 1900 a donc fait œuvre utile. Il a, de plus, donné lieu à une manifestation touchante des sentiments les plus généreux. Il a permis à un grand nombre d'instituteurs, de directeurs, d'inspecteurs, d'hommes de bonne volonté, de se connaître, d'échanger leurs idées, de nouer des relations qui dureront. Il a resserré les liens et augmenté la force de la grande famille universitaire. Il laissera à tous ceux qui y ont pris part le meilleur souvenir.

Henri BOUVEUX.

Coulommiers. — Imprimerie PAUL BRODARD.